旅游规划设计与旅游文化传播研究

周 蕊◎著

吉林出版集团股份有限公司

图书在版编目（CIP）数据

旅游规划设计与旅游文化传播研究 / 周蕊著 . — 长春：吉林出版集团股份有限公司，2021.7

ISBN 978-7-5731-0522-6

Ⅰ . ①旅… Ⅱ . ①周… Ⅲ . ①旅游规划—研究—中国②旅游文化—文化传播—研究—中国 Ⅳ . ①F592.1②F592

中国版本图书馆 CIP 数据核字 (2021) 第 214068 号

旅游规划设计与旅游文化传播研究

著　　者	周　蕊
责任编辑	陈瑞瑞
封面设计	林　吉
开　　本	787mm×1092mm　　1/16
字　　数	220 千
印　　张	9.75
版　　次	2021 年 12 月第 1 版
印　　次	2021 年 12 月第 1 次印刷
出版发行	吉林出版集团股份有限公司
电　　话	总编办：010-63109269
	发行部：010-63109269
印　　刷	北京宝莲鸿图科技有限公司

ISBN 978-7-5731-0522-6　　　　　　　　　　定价：78.00 元

前　言

　　旅游规划主要是按所属空间的整体尺度内容，依照由大到小的空间布局，将城市的旅游规划分为三类，具体包括区域内的旅游规划、城市旅游规划以及景区景点规划。随着改革开放的进一步发展，旅游已经成为人们休闲娱乐的重要形式之一。此外，旅游业通过文化传播促进旅游文化的传播，鼓励人们加深对旅游景点的了解和兴趣，从而提升旅游业的经济效益。中国旅游业正在逐步呈现出多层次、多元化文化的交流格局，将带动和促进中国旅游业经济发展。本书主要分析探讨旅游规划设计，以及旅游文化与旅游经济的关系，并提出相关创新研究策略，以达到旅游文化交流和旅游经济的可持续发展。

　　旅游文化传播对旅游业的经济发展起着十分重要的作用，对旅游从业人员提出的要求也越来越高。在当前形势下，旅游从业人员需要看清不断发展变化的市场规律以及旅游文化的发展规律，避免盲目性活动，减少无功性活动。在旅游业中，旅游文化传播可以提高旅游业的经营管理水平，从而提高旅游经济效益。在国家经济发展中，任何生产活动都以提高经济效益为根本目的，提高本行业的整体竞争力。

　　本书基于旅游规划设计与旅游文化传播两个方面，首先介绍了旅游规划设计的基本理论、基本模式，然后探讨了旅游规划设计的创新，最后详细的研究了旅游文化及旅游文化传播的理论和的创新。

　　另外，本书在撰写的过程中参考了一些专家的学术成果，在此对相关作者表示感谢。由于本人水平有限，时间仓促，书中不足之处在所难免，望各位读者、专家不吝赐教。

作　者

2021 年 3 月

目　录

第一章　旅游规划设计的基本理论

第一节　旅游规划设计的内涵

随着旅游业在吸纳就业、调整产业结构、带动区域经济发展等诸多方面作用日益凸显，旅游规划市场呈现出蓬勃发展的趋势。然而，从学科来看，旅游规划不仅缺乏独有的核心理论和关键技术作为支撑，而且与其他规划设计在本质上的区别也尚未能予以清晰地界定。为此，笔者在前人研究和多年规划实践基础上，就若干基础性问题进行探讨：一是提出了旅游规划设计的六大本质特征；二是提出了旅游规划设计师的四大看家本领；三是提出了旅游规划设计的"12345"核心理论框架；四是提出了旅游规划设计的综合诊断技术、创造体验技术、综合匹配技术、时空设计技术和综合集成技术五大关键技术方法；五是讨论了旅游规划设计的学科性质和地位。

旅游规划设计在我国已历经了 30 多个春秋的发展。新世纪以来，随着旅游业在吸纳就业、调整产业结构、带动区域经济发展等诸多方面作用日益凸显，旅游规划设计市场呈现出蓬勃发展的趋势。然而，旅游规划设计无论是作为一门学科还是一个行业都显示出稚嫩的一面。就学科而言，旅游规划设计不仅缺乏独有的核心理论和关键技术作为学科支撑，而且与城市规划、景观设计、产业规划等其他规划设计在本质上的区别也尚未能予以清晰地界定。从行业来说，旅游规划设计表现出人才门槛低、操作随意性大、成果实用性差以及缺乏行业自律等弊端，进而极大影响了整个行业的声誉和发展。因此，本研究在充分吸纳前人理论成果和对作者 10 余年规划实践的经验总结基础上，试图就旅游规划设计学的基本命题系统提出观点。

一、旅游规划设计的概念内涵与本质特征

国内外很多学者和机构曾经提出过旅游规划（设计）的概念。这些概念定义的视角有所差别，旅游规划通则是从系统视角来予以界定，将旅游规划定义为"为了保护、开发、利用和经营管理旅游区，使其发挥多种功能和作用而进行的各项旅游要素的统筹部署和具体安排"；有学者则从经济视角来理解旅游规划，比如，Inskeep 认为旅游规划"既是一门科学也是一门艺术，它是一种持续的、增长性的、系统的、综合关联的、具有环境意识的、

强调可持续性和社区参与的概念";也有学者从价值论的角度来解读旅游规划,Getz 就认为旅游规划是"在调查研究与评价的基础上寻求旅游业对人类福利及环境质量最优贡献的过程";还有从资源配置的视角来阐释旅游规划,比如邹统钎提出旅游规划的核心概念是"旅游资源优化配置",其目标是以稀缺的资源最大限度地满足游客、开发商及社区的需求。

当前,国内外学术界对旅游规划设计概念的认识还存在很大的争议。但是,大家都基本认为旅游规划设计具有 5 个特点:(1)综合性。旅游规划是涉及多目标、多行业、多利益主体的综合性规划。(2)层次性。体现在规划范围、规划深度以及规范内容的多层次。(3)地域性。旅游规划既是对某一地域综合体旅游业的规划,又是需要挖掘和彰显地域特色的规划。(4)交叉性。旅游规划与景观规划设计、城市规划、区域规划、交通规划等其他规划设计有着紧密的联系和交叉。(5)应用性。旅游规划旨在解决区域或目的地旅游业如何发展的问题,因此,非常强调规划的操作和应用价值。然而,大部分规划设计也都具有这些特征。也就是说,以往关于旅游规划设计的概念界定,尚未完全厘清旅游规划设计独有的本质特点。本研究认为,把握旅游规划设计的概念,重点要认识其 6 个本质特征。

第一,旅游规划设计是跨地域的 3 个系统规划,即以旅游吸引物体系为核心的旅游目的地系统,以旅游需求为本质特征的客源地系统,以及包括旅行服务和目的地信息传播 2 个子系统的媒介系统。这是由于旅游的流动性特征所决定的。

第二,旅游规划设计要以创造吸引物、创造体验为核心。旅游规划设计不是为了日常生活的使用、效率而进行的规划设计,而是为了另一种生活的体验和心理愉悦而展开的规划设计,核心目标在于创造情景、设计体验。所以,其本质是一个创意规划。旅游的本质一定要寻求差异、寻求吸引,旨在体验另一种文化和另一种生活的独特魅力。没有差异、没有吸引,就不会产生异地的空间流动,这是由于旅游的本质所决定的。

第三,旅游规划设计具有很强的市场性、经济性特征,是针对市场来进行规划设计的。因此,旅游规划设计是一种产业经济行为,是多系统的规划。旅游规划设计至少包括几个系统:它以景观、生态系统为基础,以市场体系为导向,以基础设施和公共服务系统为支撑,以建设产品体系为主要内容,以创意独特的体验为灵魂,以挖掘和彰显地域独特的文化体系为魅力,以商业服务体系为动力,以构建政策支撑体系为依托。

第四,旅游规划设计具有跨文化、跨时间的特征。旅游的魅力在于要挖掘历史文化的传承,要营造现世生活,但是要引领未来时尚,一定要跨越时空,文化才有魅力。这是因为旅游作为一种个人行为,它指向另一种生活状态、另一个生存空间。在这种生活状态下,旅游者处于一种"在不在的存在"。"在"即"在场",是说旅游者确实身处异地、远离日常生活环境;"不在"是指旅游者并没有真正介入旅游目的地的生活场域,而是处于一种"游离状态"。异域文化、跨越时空的旅游环境是游客进入这种"游离状态"的重要条件。

第五,旅游规划设计具有跨学科特点,涉及旅游学、市场学、地理学、建筑学、城市规划学、景观学、经济学、管理学、文化学、生态学等多门学科。旅游规划设计既需要有硬的内核,又需要有软的外延。对市场的把握和引领是旅游规划设计的前提,对商业模式和服务体系设计构成它的主体，但从设计角度来说，景观、建筑等这些学科才是它的硬核。

第六，旅游规划设计是多门类的学科领域，它包括策划、规划、设计三大门类。每个门类解决的问题都有所不同。其中，策划是根据市场需要，寻找灵魂，把握方向，创意主题；规划是根据发展目标和基础条件，谋划布局，统筹发展，配置资源；设计是创意和实现，是将策划和规划转化为物质化的东西，是理念和策略的有形化过程。因此，既不能将旅游规划设计理解为"卖点子""卖创意"，也不能将旅游规划设计简化为一些景观、项目的创意设计，而是需要打通策划、规划和设计 3 个层面，形成一体化的理论体系。

旅游规划与其他规划的区别主要表现在 3 个方面：其一，旅游规划是跨地域、跨时间、跨行业的规划，需要同时规划地域系统、产业系统和体验系统三大系统。其二，旅游规划包括 3 个体系，因为是面向流动游客进行的规划，是为外地人规划生活。因此，既包括生产，也包括生活，以及中间的运输环节。其三，旅游规划既是一种独立的规划门类，又是一种视角（面向其他规划设计的视角）。因为旅游是一种时间、空间的组合方式，这种组合几乎涉及生活中的各个行业，因此，旅游规划设计不仅要关注旅游系统自身的独立构建（比如旅游景区），更要关注其他规划设计的旅游化过程，作为一种视角来指导其他部门、行业的规划设计，实现增值过程。在这种意义上，旅游规划设计是一种附加价值的开发方式，是一种增值工程，可以在保证其他行业、部门在实现基本功能基础上增加新的价值。

根据前面对旅游规划设计本质特征的探讨，本研究认为可以将旅游规划设计定义为"以为游客创造另一种生活状态的短暂体验为核心而对旅游系统进行长远、全面地谋划，从而实现区域（或地区）旅游发展的目的"。这就是说，旅游规划设计的核心任务首先是为旅游者体验另一种生活状态创造平台，这正是旅游规划设计与其他规划设计的主要不同之处。其次，旅游规划设计是对旅游系统的规划设计，要在 3 个层面对旅游系统进行认识、规划和设计。最后，不同区域、不同主体、不同类型的旅游规划设计都有共同的目标——实现旅游发展。有的规划偏重经济意义上的旅游发展，有的更强调社会意义上的旅游发展，有的则比较关注生态意义上的旅游发展。但从长远来看，只有实现 3 个层面的同时发展才具有持续性。

二、旅游规划设计师的看家本领

本研究认为旅游规划设计师应具备四大看家本领：把握市场，创意能力，整合协调，服务理念。

第一，把握市场。如果不懂市场，不把握需求，不了解游客心理与行为，旅游规划设计专家就没有任何优势。一是因为旅游是一种特殊的消费现象，这种消费现象不是以传统的产品移动来实现交换，而必须是通过游客的空间位移来实现消费。因此，任何旅游规划设计都必须拥有清晰的目标市场意识，了解项目所面对的未来需求。二是因为旅游消费很大程度上属于非必须性消费，而且旅游产品之间具有极高的相互替代关系。如果不了解市场，不把握需求，就难以识别未来的竞争对手，进而也无法创建自身的相对优势。没有相对竞争优势，旅游产品就不会有市场。三是因为旅游产业的综合效益很大程度上取决于整个产业要素配置、消费链的规划和商业模式的设计，而科学配置要素、构建产业链条、设计赢利模式就必须深入把握游客消费的行为模式，透彻地了解旅游需求和市场，把握旅游的消费属性和产业属性。总之，把握市场是旅游规划设计师的核心本领。

第二，创意能力。如果没有创新意识、创意能力，旅游规划设计师就缺乏核心素质。理由有 3 个：首先，旅游规划设计不能仅仅顺应市场，还需要引领市场，创造未来需求，这需要创新。其次，游客出游很大程度上是在寻求差异，因此，特色构成了旅游目的地的核心吸引力。简言之，旅游业的核心是特色，特色的灵魂是创新创意。最后，旅游消费不同于日常消费，顾客可以是在全国乃至全球范围内选择产品，而且他们往往只选择同类产品中的顶级产品。因此，复制性、缺乏特色的旅游产品和项目在旅游市场基本没有什么吸引力。因此，创新创意是旅游规划设计师必备的另一个核心本领。

第三，整合能力。旅游世界是一个极为特殊的世界。它既与生活世界相分离，又与生活世界相重叠。因为对于游客个体而言，他以"旅游者"的身份脱离了日常生活的边界，进入了自己的"旅游世界"。但是他的旅游世界总是与他的生活世界存在重叠和交叉。换言之，"旅游世界"是对个体"生活世界"的逃逸，但却是对群体"生活世界"的重叠。既脱离了生活世界，又没有脱离生活世界。因此，旅游世界的主要构成要素（旅游资源、旅游产品、旅游服务设施等）大多数缺乏独立的客观存在性，基本上是生活世界某种存在的另一种呈现。而且生活世界的任何存在几乎都可以成为旅游世界的构件，从而进入旅游产业系统的范畴。这就使得旅游业成为极其庞杂的系统，需要涉及多个部门、多个学科、多种行业，需要集成多学科的知识和技术，因此，需要整合协调的素质，集成大家的智慧。

第四，服务理念。旅游消费是面对面的服务性消费。旅游业是典型的服务经济。尽管旅游者出游并非为了享受高品质的服务，但是任何低劣的服务都可能造成对区域旅游业的致命打击。日本一个寸土国家，人文和自然旅游资源都缺乏丰度和特色，但每年吸引的国际游客千万人次，正是依靠国际一流的旅游服务品质。因此，旅游规划设计的不仅仅是对景区、景物、景观等物质层面的规划设计，也是对服务、接待模式、商业模式的设计。因此，必须树立市场意识、服务理念，才能规划设计出让游客满意的旅游系统。

三、旅游规划设计的核心理论

经过多年的旅游规划设计实践，以及基于对旅游规划设计的本质认识，本研究提出了旅游规划设计的"12345"核心理论框架，即旅游规划设计属于第四空间的规划，旨在创造一种体验和情景，需要跨越 2 个世界（生活世界和旅游世界），既游离在生活之外，又在生活之中，它需要同时规划 3 个系统（目的地系统、客源地系统和出行系统），要处理 4 种空间的重叠，统筹规划设计 5 个体系。

　　一个主题：情景规划与体验设计。旅游的本质是寻求差异，体验另一种生活和文化。换言之，旅游本质上是"对异域另一种生活状态短暂体验的追求"。因此，旅游规划设计的核心在于创造一个主题故事的游历空间，使游客能够更好地去感受异域文化空间的另一种生活状态和存在方式。整个旅游规划设计都是围绕主题故事来展开的，重点是创造情景和设计体验。因此，情景规划和体验设计理论构成了旅游规划设计的最基本理论。情景规划主要指主题故事的创意及其各个故事情节发生的场景设计，而体验设计则是情景规划的一种手段。

　　两个世界：生活世界和旅游世界。从哲学角度来说，旅游是既游离于现实又立足现实的另一个世界的第二种生活。旅游规划设计正是为了创造第二种生活，即旅游世界的生活。因此，生活世界和旅游世界将构成旅游规划设计的重要理论基础。所谓生活世界，就是指普通人的"日常生活的世界"，是一个为普通人所经历的、知觉的、行动的生活场域。旅游世界则是指另一种生存空间，它呈现完全不同于生活世界的特点：一是情感主导的世界，旅游活动包含着躯体的移动、感官的知觉，以及理性的认知，但其根本性特点是一个情感主导的过程；二是自成目标的世界，旅游活动的动机是内在的，旅游者之所以进行旅游就是为了享受旅游活动本身，而不是旅游活动带来的结果或者其他任何的目的；三是回归自我的世界，迈入旅游世界，人们暂时卸掉所有生活世界的各种社会角色，脱离了复杂的人际网络以及繁重的生活责任，避开了原有社会里对自己的凝视和监视，进入了一个自我的世界。生活世界虽然离不开消费但以生产为主导，高度重视客观存在的物质文明，尽管存在感性但更强调理性；旅游世界虽然存在生产性但以消费为主导，尽管也需要理性但更强调超越理性，以追寻"情感释放"与"精神救赎"为主。

　　三大系统：客源地、目的地和媒介。旅游规划设计的对象——旅游系统，是以旅游客源地系统为主体、以旅游目的地系统为核心、以旅游媒介系统为连接地域实体系统。从时空视角来看，旅游规划设计就是对目的地系统、客源地系统、媒介系统三大系统的规划设计。因此，客源地系统、目的地系统、媒介系统构成了旅游规划设计理论的重要组成部分。

　　旅游目的地系统是指为到达目的地的游客提供游览、娱乐、食宿、购物、体验或特殊服务的综合体。通常由旅游吸引物、旅游设施和旅游服务三要素组成。其中，旅游吸引物是目的地系统的核心，它决定了旅游目的地的层次、主导功能、发展规模和品位，是目的地竞争力的重要影响因素。

　　旅游客源地系统是旅游系统中的主导要素和运行起点，它可以划分为许多子系统，如按地区可划分为国际客源市场、国内客源市场、本地客源市场。

　　旅游媒介系统既包括有形的旅行服务系统，也包括旅游信息传播系统。其功能：一是完成旅游者空间移动，提供从旅游客源地到旅游目的地的往返以及在旅游目的地进行各种旅游活动而提供的交通设施和服务；二是完成客源地与目的地的信息交流功能。

　　四大空间：生态、生产、生活与旅游。从规划角度来看，我们可以概括为生产、生活、生态与旅游四大空间。生产空间追求的是效率；生活空间追求的是舒适；生态空间追求的是平衡；旅游空间追求的是体验。旅游空间与日常生活空间（生态、生产、生活）具有很大的差别。它是拓展的心灵空间，压缩的物质空间，一方面使心灵变得很丰富，另一方面却让世界变得更小。每一种空间设计所要处理的关系不同，设计目标也不同，设计的理论与方法也就不一样。旅游既是人类游离于生产、生活之外相对独立的第四空间，跟生态、生产、生活不同，同时它又是四重空间的重叠。在旅游空间里面有生产活动，有生活行为，而且必须有生态基础。

五大体系：吸引物、服务、市场、商业、利益。旅游规划设计是以五大体系作为支撑，即以景观生态、地域文化为基础的吸引物体系，以交通设施为核心的公共设施和服务体系，以目标市场为引导的客源市场体系，以接待设施服务为主体的商业服务体系，以及牵涉多个利益相关者的利益平衡体系。旅游规划设计是五大体系的叠加，具有生态性、文化性、商业性等特点。

四、旅游规划设计的核心技术方法

旅游规划设计的核心技术方法主要包括综合诊断技术、创造体验技术、综合匹配技术、时空设计技术和综合集成技术5个方面。

第一，综合诊断技术。旅游规划设计是类似中西医结合的一门学问，需要对规划区域旅游发展中存在的核心问题进行诊断。有些地方旅游发展属于慢性病，需要逐步调理和不断提升；有些地方旅游发展属于急性病，需要动手术。因此，旅游规划设计需要中西医结合的综合诊断技术。专家就是中医技术，通过望闻问切，疏其经络，养其气血，使其气脉贯通，从而达到内外兼修。而市场调查和预测、旅游容量测量等则属于西医技术，通过定量测量，科学分析，进而识别问题，确立目标，制定对策。

第二，创造体验的技术。旅游规划设计某种意义上跟导演具有相似之处。因为旅游的本质是对异域另一种生活状态、生存方式的短暂体验，游客追寻的是一次不同寻常的亲历和感受。创造旅游空间的独特体验成为旅游规划设计要重点解决的核心问题。没有体验设计就没有旅游活动。因此，旅游规划设计师不能仅仅停留在规划空间、策划项目、设计景观，而应该像导演一样，策划主题，配置角色（让游客变成演员），设置场景，生动地述说一个具有规划区域地方特色的动人故事。这样，旅游规划组长往往具有四位一体的角色，既是编剧，又是导演，还是制片人，甚至是故事的编撰者。

第三，综合匹配技术。旅游规划设计需要解决资源的时空配置。这涉及产业要素配置、区域结构、项目投资、供求分析、成本效益、不同主体的利益分析等内容，需要做好各方面的平衡。因此，如果没有匹配技术以便实现各方面的均衡，规划设计成果就不能转化为经济行为，也形成不了产业活动。旅游规划设计的综合匹配主要涉及5个方面：时空资源的匹配，市场供求的均衡，投入产出的匹配，生态系统的平衡，不同主体之间的利益平衡。

第四，时空设计技术。旅游具有很强的时空特点，旅游规划设计关键就是要把时间和空间利用好。这就需要对时空进行设计，具体包括产业要素的空间安排，白天夜间的项目配置，不同季节的产品规划，旅游服务的商业模式设计，目的地游客综合管理的技术等等。

第五，综合集成技术。即在系统思维的统领下，充分吸收多学科的专项技术。主要包括 10 个方面的集成技术群，即建筑设计技术、城市规划技术、生态学的技术、园林规划设计技术、地理学的技术、景观规划设计技术、经济学的技术、市场营销学的技术、管理学的技术以及绘图技术。

五、旅游规划设计学的性质和地位

根据前文对旅游规划设计内涵和本质特征的理解，本研究认为旅游规划设计学是以旅游空间的规划设计理论和方法技术为研究对象的一门综合性、交叉性和应用性学科。综合性主要表现在旅游系统的构件极其庞杂，旅游发展需要社会各个子系统的协调支持。交叉性体现在旅游规划设计不仅需要自身的核心理论和关键技术作为支撑，而且需要集成旅游学、地理学、经济学、管理学、生态学、城市规划学、风景园林学、建筑学、市场营销学、环境学等诸多的理论和方法。旅游规划设计学的应用性特点则极为突出，因为整个学科的存在以解决区域（和地区）旅游发展实践作为根本出发点。

旅游规划设计学作为一门独立的学科，在旅游学的整个框架下具有举足轻重的地位。从旅游学科内部来看，旅游规划设计集成了母学科（旅游学）和其他分支学科（如，旅游经济学、旅游地理学、旅游市场学）的理论和方法，亦是旅游其他分支学科走向产业实践的主要途径。并在旅游规划设计实践中，不断推进其他旅游学科分支理论的发展和完善。

从旅游产业发展角度来看，旅游规划设计具有很强的生产力特性。简言之，旅游规划设计是生产力。某种意义上，它是第一生产力。这是因为它是生产力要素配置的决定性因素，具有第一生产力的特征。具体表现在 3 个方面：首先，旅游规划设计是统筹配置社会资源投入旅游业的主要渠道。一个成功的旅游规划设计方案，可以引导政府资源、社会资金、生产要素流入旅游业。其次，旅游规划设计是配置旅游产业要素的关键途径，决定了规划区域的旅游产业要素的流向。再次，旅游规划设计在很大程度上影响了旅游市场的生产、旅游服务的供给和商业模式的设计，这些都是实实在在生产力的体现。然而，不可否认的是，目前国内旅游规划设计并没有成为生产力，而且常常具有反生产力的特点，具有破坏力。这既是因为整个旅游规划设计学科的不成熟，缺乏指导旅游规划设计实践的科学理论和方法，更是因为旅游规划设计行业还处于初期发展阶段，行业规范和质量评价体系尚未建立起来，在商业化驱使的背景下，行业责任和自律程度很低。多数规划从业者以此为赚钱的手段而不是作为事业来对待。当然，人才队伍不成熟、看家本领不到位可能是更为重要的根源。因此，推进学科成熟，促进行业规范，提高旅游规划设计学科的地位和行业的声望，理应成为我们大家共同的责任。

第二节　基于环境承载力的旅游规划设计

旅游的发展必然会对环境造成一定的影响，如何在发展旅游与保护环境之间取得平衡，是旅游规划设计中必须考虑的一个焦点问题。环境承载能力又称环境容量，基于环境承载力进行旅游规划设计，能很好地确保旅游与环境间的和谐发展。笔者对环境承载力进行了简要概述，提出了基于环境自洁能力、环境再生能力、生态足迹的旅游环境承载力的计算方法。就基于环境承载能力的旅游规划设计进行探讨，对地区旅游业的可持续发展、旅游资源的开发和调整、旅游环境的保护具有重要意义。

随着经济的发展和人们生活水平的提高，旅游开发与环境保护间的矛盾日益突出。传统观念认为，旅游产业属于"无烟产业"，但目前几乎每个旅游点都出现了环境资源被破坏、环境质量下降的现象。尤其是一些过度开发的地区，更是因此产生了巨大的负面效应，掠夺性开发、粗放式经营已经严重威胁到旅游业的可持续发展。旅游产业开发中，环境保护问题成为人们广泛关注的一个重要问题。旅游既可以保护生态环境，又可能直接破坏生态环境。旅游产业的开发，应注意环境承载力的问题。一旦超出环境承载力必然会消耗环境质量，对环境造成巨大的污染和破坏，不仅不能取得良好的经济效益和社会效益，还会影响地区经济和生态的可持续发展。

一、环境承载力简析

环境承载力，是指某一时期某种状态或条件下，某地区环境所能承受的阈值，是指环境所能承受人类活动规模、强度、速度的上限。旅游环境承载力，则是指旅游区的环境所能承受的旅游经济活动的上限。对于旅游区环境承载力来说，存在承载下限和承载上限。在旅游区环境承载力范围内，旅游经济活动不会导致该地域环境质量下降。低于环境承载力下限时，会造成旅游资源浪费与限制。当超出环境承载力上限时，则会对该地域环境资源造成破坏。一个旅游区的环境承载力，受生态环境空间、设施供应能力、服务管理水平、人力资源质量等的影响。旅游经济活动的开展，必然会对环境带来各种负荷，这些负荷通常由游客接待活动和游客游览活动所造成。一般情况下旅游区环境承载力利用旅游区能容纳的游客数量标识，该数据既可以作为总承载力的标志，又可作为可发展规模的标志。在旅游区环境容量概念体系中，一般将其分为 5 个基本容量和 3 个非基本容量。5 个基本容量包括感知容量、资源容量、生态容量、经济发展容量、地域社会容量，3 个非基本容量包括合理容量与极限容量、既有容量与期望容量、空间相关容量。同一旅游区，其旅游环境容量并不是固定不变的，会随着旅游区性质、管理水平、人力规划等方面的改变而改变，其承载能力是一个综合的、复杂的、可调节的有机体系。

二、旅游环境承载力计算

基于环境自洁能力的计算方式。基于环境自洁能力的计算方式，是假设旅游活动所造成的环境影响能够通过严格的管理控制在合理范围内的基础上，自然生态环境能够通过净化和吸收旅游污染物的能力和数量。其计算公式为：

EEBC=min（WEC，AEC，SEC）

式中：EEBC——生态环境承载力

WEC——水环境承载力

AEC——大气环境承载力

SEC——固体废弃物承载力

WEC 为区域污水日处理能力与人均污水产生量的比值，AEC 为区域大气环境容量与人均废气产生量的比值，SEC 为区域固体废弃物日处理能力与人均固体废弃物产生量的比值。生态环境承载力取这 3 者的最小值。这一计算方式是建立在严格的管理控制手段基础上的，但即便是严格管理控制，旅游活动依然会对大气、物种、植被等造成影响。由于环境自洁功能的复杂性和旅游活动的可变性，这一计算方式很难获得充足的支持数据。

基于环境再生能力的计算方式。自然是一个不断循环、流动的有机体系，在受到人类活动影响的同时，也会就其自身进行一定的修正。基于环境再生能力的计算方式，不同于基于环境自洁能力的计算方式，是在计算中考虑环境与人类活动的相互作用，从环境再生能力入手计算环境承载力。其计算公式为：

EEBC=min（WEC，AEC，SEC，EEC）

基于环境再生能力的计算方式中，加入了自然环境再生参数（EEC）。应用于旅游环境承载力评估中，能更好地反映出人类旅游活动与自然环境间的关系，更好地体现环境对旅游活动的承载能力。由于受旅游地生物多样性、异质性等方面的影响，在旅游规划应用中还受到一些实践性的限制，在一些关键参数的赋值上由于资料不足容易影响准确性。

基于生态足迹的计算方式。基于生态足迹的计算方式，是针对人类旅游活动对环境资源消费的需求，结合环境能提供的生态承载力来计算旅游环境承载力的一种方式。这种方式通过对旅游地旅游活动与废弃物排放需要的生态面积，来表示旅游活动造成的生态负荷，结合旅游地能够提供的生态面积作为生态供给能力量，以此计算区域的旅游环境承载情况。这种计算方法较适用于以自然景观为资源的旅游地。人造景点和文物古迹旅游地由于缺乏生态面积组成，因此，这种计算方法的适应性不足。

三、基于环境承载力的区域旅游规划设计

基本设计思路。在区域旅游规划设计中，由于区域内通常存在若干个旅游地，区域优势和交通关系使得各旅游地能够共享区域旅游市场。但受知名度、开发程度、异质特色等

方面的影响，各旅游地的负荷并不相同，高级别旅游地往往比低级别旅游地拥有更大的旅游负荷，使得高级别旅游地需要承载更大的环境压力。即便是同一旅游地，不同区域的负荷也并不相同。在进行旅游规划时，单从环境角度来讲，可以将旅游环境考虑为自然环境、社会环境、经济环境3大部分，着眼于自然环境承载力、社会环境承载力、经济环境承载力进行规划设计。从旅游活动内容来看，旅游活动主要包括游览、饮食、住宿、交通、娱乐、购物等内容，可以将旅游环境承载力分解为浏览承载力、包含承载力、住宿承载力、交通承载力、娱乐承载力、购物承载力进行规划设计。从区域旅游侧重点来看，一个区域旅游地包括高级别旅游环境、低级别旅游环境、主要旅游环境、次要旅游环境，可以将旅游环境承载力分解为主要旅游环境承载力、次要旅游环境承载力来规划设计。无论基于何种分类方法，就旅游环境承载体系来说，人是被环境承载的对象，环境则是承载的媒体。在规划设计时，一方面要保证旅游的持续发展有可持续的旅游资源供给，另一方面又要保证有足够的环境承载力来承载人类活动。基于环境承载力进行旅游规划设计，其实质是为了保证旅游环境的持续承载，保证长期可持续承载人类旅游活动，保证人类旅游活动不超过旅游环境承载力。

旅游地空间承载分散规划设计。在同一区域内的众多旅游地，同一旅游地的众多项目中，游客不可能将所有的内容作为旅游目的，使得区域内旅游地间存在空间竞争。不同旅游地、旅游项目间的环境压力必然各不相同，一些旅游地相对来说会承担比其他旅游地更大的环境压力。同一区域众多的旅游地，要更好地发展，应当实施差别化、个性化的规划设计，采用差异化的产品定位来对地区旅游市场进行细分。而非规划众多相似性极高的旅游地，造成各旅游地资源级别上的差异。资源级别上的差异，而非形象定位上的差异，只会使资源级别高的旅游地在形象上更为突出，从而遮蔽其他相似旅游地，吸引过多的旅游活动量造成过度膨胀而给环境带来巨大的压力。实际上，我国当前很多著名景区环境压力问题，都是由旅游规划设计时未合理分配旅游活动量，仅注重于打造知名度高、发展快的旅游地所造成的。众多知名旅游地黄金周游客爆满、水质变坏、垃圾排放量过大、生态环境遭到破坏等等，都是由于压力分配不合理，使得高级别旅游地吸收的旅游活动量超出了环境承载力的原因。因此，在进行旅游规划时，应当关注区域整体发展，而非一味打造高、精项目。根据各旅游地的环境承载力，考虑如何通过特色、类别、形象的定位来分散高级别超负荷的游客量，从而合理分散环境压力，降低对环境造成的冲击，就这一点来说，是解决我国当前一些景点环境破坏严重、游客量超景点负荷、部分景点过度发展等问题的重要方法。

旅游地交通承载分散规划设计。交通是旅游产业的重要组成部分，是旅游产业发展的命脉，不仅起到运输转移作用，还起导流分配作用。旅游者为了达到旅游目的必须从一个地点向另一个地点实现空间上的转移，这种空间上的转移必然需要借助于交通工具和交通渠道来实现，包括公路、铁路、航空等。基于环境承载力进行旅游规划设计，也可以从交通入手来分散环境压力。人类旅游拥有了很长的发展历史，但早期的旅游多采用步行、车马等方式。由于交通的限制将人类旅游活动限定在了一个比较小的范围内，旅游产业的规模也相对较小。即便是在经济相对发达的 20 世纪末，人类旅游活动也多以国内旅游和短途跨国旅游为主，旅游活动的环境冲击对象受到了交通的限定。随着近年来现代化交通运输工具和交通运输渠道的迅速发展，群体性旅游、大众化旅游、跨国旅游得到了迅速发展，旅游活动的环境冲击也因为交通的发展而被拓展。在我国，拥有丰富的旅游资源，一些交通便利的地方吸引了大批游客，甚至造成游客超负荷现象，游客活动量超出了环境承载力，影响其持续发展。一些地方虽然风景优美、独具特色，但交通不便使得旅游资源得不到充分利用。

实际上，交通规划在很大程度上可以将区域旅游产品的表现形式、活动组成、人员分流等思想渗透入内。通过合理的旅游交通线路规划，利用交通线路将游客活动量在区域内各旅游地、旅游城市、旅游服务中进行合理的分散，从线性空间走向上进行调节，使区域内单个、单项的旅游产品实现有机结合，实现游客浏览、购物、娱乐、交通、住宿、饮食各个环节的有机结合。在旅游规划设计中，旅游点是游客停留的主要节点，而交通则是实现游客活动分流的重要手段。可见，在基于环境承载力进行旅游规划设计时，从交通入手合理分解旅游活动量，降低超负荷景点环境冲击力，提高低负荷景点环境冲击，是促进旅游地可持续发展的另一重要手段。

区域旅游地共享环境承载规划设计。在同一个区域内，往往存在多个旅游地、多个旅游景点。传统的以景点为主体、各自为政的发展模式，只能造成部分景点聚集过多游客，其活动量超出环境承载力，而部分景点游客活动量过少无法充分利用旅游资源，这种现象很难促进区域旅游产业的可持续发展。在进行旅游规划设计时，应当基于环境承载力，对区域旅游资源进行合理规划设计，从形象特色、发展程度上进行合理定位。一方面合理定位区域内各旅游地、旅游景点的游客群，细分旅游市场，合理进行旅游产品的开发，以满足不同游客对旅游产品的需求；另一方面加强各旅游地之间的协调，提高旅游地的异质性，合理分流游客活动量。旅游市场的同质性和异质性是在规划设计时必须同时考虑的因素，任何一个旅游地都不可能满足所有消费者的需求，也不可能满足消费者的所有需求。在有限的旅游资源和环境承载力范围内，应当从总体规划设计上细分市场，设计合理的规划、布局设计、项目制定、设备购置、设施建设，一方面通过同质性规划来分散同质性旅游消费需求所造成的过大的环境冲击，另一方面通过异质性规划来加强区域旅游的活动量的流通应用，满足不同消费者的不同需求。这样既能促进区域旅游的发展，又能合理分配区域旅游活动量所带来的环境冲击。

功能分区分散环境承载规划设计。目前，我国旅游区多是以自然景观为背景，依托城市景观异质性，建立起集浏览、购物、交通、住宿、饮食为一体的旅游产业体系。在功能分区上不考虑旅游环境承载力问题，必然会造成环境压力的不均衡发展。如，部分区域自然环境恶劣、景点环境污染严重、生态植被破坏等，最终导致区域旅游产业的衰退。功能区的规划设计，直接决定着区域旅游的结构、功能、性质。但当前我国旅游区在进行功能区规划设计时，通常只着眼于资源类型、资源分布、资源特色来进行功能布局，而忽略了旅游环境对功能定位的限制，这种功能区规划设计明显存在很多弊端。目前的景区功能划分，包括多功能旅游区、休闲娱乐旅游区、生态旅游区、观光探险旅游区、休闲疗养旅游区几大类。这种划分方式是以旅游者的旅游目的为导向进行划分的，而不是以环境承载能力来划分。但在实际操作中，可以考虑环境承载能力问题进行规划设计。例如，多功能游览区系统复杂，对环境质量要求相对较低；观光游览区涉及大量观赏功能，对环境要求相对较高；休闲疗养区要求区域内没有工业污染；生态旅游区要求基本不破坏原有自然生态等等。在进行规划设计时，应当根据区域旅游资源现状，充分考虑不同区域的环境承载能力，考虑不同区域可能的旅游活动量，进行产品设计、功能布局、形象定位、交通分流，以使各功能区所承受的环境冲击能在环境承载力范围内，又不会使旅游资源得不到充分利用。

旅游环境动态承载规划设计。旅游环境承载力既具有相对的稳定性，又有绝对的动态性。自然环境中的水质、大气、土壤、地质、植被等影响了自然环境承载力，人文环境中的管理技术、设施布局、结构调整等影响了人文环境承载力，最终构成旅游环境承载力。这使得旅游环境承载力在时间和空间上除了表现出一定的稳定性外，还有着一定的变动性，随着旅游环境各个子系统的变化而产生动态性变化。在进行旅游规划设计时，应当关注旅游环境承载力的动态变化，避免因旅游环境承载力的动态波动影响区域旅游的可持续发展。例如，水资源是旅游环境的重要组成部分，水资源承载力也是旅游环境承载力的重要支撑点。但水资源承载力有着显著的动态变化特性，不仅受到自然条件的影响，还受到社会条件的影响。一方面，水资源受降雨量、气温等多个因素影响，呈现出时间上的不均匀现象，造成水资源在时间上承载力的变化；另一方面，水资源受社会生产变化、经济活动等影响，在排污压力方面呈现出时间上的不均匀现象。这两种承载力的变化在时间上都是非线性变化，通过时间上的对比很难简单的把握水资源承载力的变化特点。在进行旅游规划设计时，应当充分对区域内环境承载力的变化趋势、周期性规律、随机性特点等进行动态评估。再结合旅游地淡旺季之分造成的旅游活动量变化，合理通过旅游季节性导向实现旅游压力的合理分配。避免因旅游季节性变化造成旅游资源供需失衡现象，既不能因为周期性超载破坏区域旅游环境资源，又不能因为周期性低负荷影响旅游资源利用率。

我国地域辽阔，有着丰富的旅游资源，但目前较多的旅游景点都出现超负荷现象，环境污染、植被破坏、人流压力等问题层出不穷，这与旅游规划设计有很大的关系。在旅游规划设计时，应当从环境承载力出发，对旅游规划设计方案实施后的游客量、生态环境冲击、社会环境影响等进行全方位考虑，通过区域协调、季节搭配、交通分流、功能导向等多种方式，对区域内游客量进行科学合理的分配协调，以免因为季节性变动、区域性集中、功能性冲击等原因，造成旅游活动强度超出旅游地生态、社会、经济环境承载能力的现象，影响区域旅游经济的可持续发展，影响地区社会经济的可持续发展。

第三节 城市设计视野下的旅游规划设计

城市的发展离不开旅游业的支持，目前，我国的城市正处于一个生态化的发展阶段，如果只是依靠某一学科内容去解决其所存在的各类影响因素是无法驱动城市的发展进程的。本节主要就城市设计视野下的旅游规划设计进行深入的分析，分析出旅游业和旅游规划设计发展面临的机遇与挑战，对我国某城市的旅游规划设计方案进行论述，合理且高效的配置资源能源，构建出一个人与自然和谐共处的环境，平衡我国社会经济的发展状态，整合旅游规划的设计内容以及资源，确保其技术体系思路的正确程度。

随着我国城镇化的发展水平的提升，我国各个城市开始呈现多元化的发展特征，如果只是对其所学习的科学知识进行探究，是无法协调处理好城市系统各个部分之间的联结关系，需要利用旅游规划等设计方式，不断的开发该城市中的旅游资源，并保护好资源，从根源上做好旅游规划的准备工作，最大限度地提升其旅游经济产业的发展水平，让该城市具有较强的区域竞争力，将重心放置在资源的配置层面上，强化设计人员的环境保护意识，将技术和设计理念完整的融入旅游规划的设计内容中，给我国城市的设计发展提供更为精准的科学依据。

一、旅游业和旅游规划设计发展面临的问题

随着我国社会经济水平的增长，人们开始不断地提升自身对于生活品质的要求，生活的方式也开始发生了极大程度的转变，内在需求会直接刺激到城市旅游业的发展，让城市在区域经济体系中崭露头角。通常情况下，旅游行业会在城市的区域经济中占据重要的地位，更是该城市经济的主导行业，但是我国传统的旅游行业对于资源的依赖程度比较高，会过于重视资源的利用，导致市场的供给无法满足消费者们的需求，对此相关工作人员需要从两方面进行分析，不断的改良现阶段我国的旅游消费环境以及水平，制造出更多的消费热点，构建出一个智能化的旅游服务网站，供给人们使用，提升该城市的综合实力。我国的旅游规划专业的起步于 1979 年，该门学科的起步时间和其他教育学科相比较晚，所涉及的内容比较多，具有一定的冗杂性，不仅包含交通建筑等方面的知识，还会对城市的发展历史进行综合性的评定，自身具有综合性以及地域性等特征。旅游规划设计单位需要有一定的营销意识，必须要做好城市的规划设计工作，对我国各个旅游项目的要素进行综合性的分析，统筹规划其发展。尊重环境，确保我国生态环境运行的状态，时刻秉持可持续发展的占有率思想，对社区参与发展的进程进行探究，找到适合环境发展的最佳方式，优化资源的配置方式，用最少的资源来构建更加多元化的城市，满足各类需求。但是现阶段，我国城市旅游规划设计中对于风景等一系列的内容的重视程度低下，资源也无法进行

实时的共享，导致服务不能进行协同处理，缺乏人性化的设计意识，整体的公共价值低下，更是无法展现出我国优秀的历史文脉性，对生态环境以及空间环境形态的管理力度薄弱，执行力低下。

二、城市设计视野下旅游规划设计要点

山水共生。以我国某一城市的家园规划设计为例进行旅游规划设计要点的讲解。①相关的设计人员要对该生态家园的地质环境以及自然地形分布情况进行分析，用最简单的方式优化，减小对过境交通方面等的不良影响；②可以使用公共活动内容，采用集中分布的形式，将其融入城市道路的区域构建中，构成一个具有连续性的城市街道界面，避免该生态家园区域交通产生堵塞的现象，提升土地资源的利用率，用最少的资源来实现最大的收益，构建出一个具有蓄洪排涝的生态系统，整合该地区的施工材料，选用更为科学合理的处理方式，创新场地的组织以及建筑设计内容。

整合自然和文化资源。城市设计视野下的旅游规划设计内容的核心就是对自然资源以及文化资源的应用方式，对资源进行保护，重视其合理利用的程度，赋予其一定的创造性，共同发展旅游区域，让功能可以得到互动。在进行城市设计的过程中，要将该城市的发展历史以及自然风景融为一体，呈现出更加丰富的旅游资源，加大对山水资源的开发程度，给城市的发展提供契机。激发出城市的功能，利用精明增长的旅游规划设计理念，对空间环境进行保护，精准的计算出施工项目中所需要的各类数据信息，使用基础性比较强的综合测算方式，用局部来带动整体的发展，让该城市的周边区域也能得到功能展现的空间，提升土地资源的利用率，保护好生态环境，完善该城市的功能结构，让城乡的发展更为的协调统一，提升综合效益。

分区设计。

生态景观的设计。可以将我国传统的农业基地设计到旅游观光的景区之中，采用生态教育以及休闲娱乐等方式，让人们更加地贴近大自然，感受自然的变化以及自然多提供的服务效用。构建出新型的景观住宿以及餐饮服务设施，将人文主义的理念融入其中，对城市系统中的各类要素关系进行考量，采用精细化的操作方式，构建出一个运行速度比较高的协同运行机制办法，提升城市环境的质量，推动自然和城市和谐共处的发展进程，对格局的变化形式进行分析，注重旅游产品的设计，让生态环境可以维持一个稳定的发展状态。生态景观的设计有利于建立旅游区域与城市建成区的资源共享和动态关联。从城市设计角度考虑旅游规划可以强化系统、集成、联系、共享等理念，实现旅游区和城市区域土地开发、交通组织、空间生成、景观营造、服务设施、活动策划等的协同互动，避免旅游区的割裂式发展。为旅游活动策划、游线设计等注入更多的人性化理念和公共活力。公共性是城市发展的根本推动力，公共空间品质及公共活动营造是城市设计关注的重点。它可以为旅游产品策划和营销提供人性化尺度下、体现公共活动内在需求和场所行为特征的思路与对策。

城市设计的公众参与观念和机制。社会民主化和市民城市是未来不可逆转的发展潮流，而城市设计学科发展伊始就提出并一直坚守城市公共价值及倡导有效的公众参与机制。通过灵活、开放、宽容的系统，建立思想＋行为的模式（形成公众标准、生活经验＋资源节约）推动城市形态发展的思想和社会基础。旅游项目开发与城市居民生活和公共利益休戚相关，更应从维护和实现公共性的角度约束自我，避免单纯地跟随市场导向和追求商业利益。城市设计对地域性、文脉性的保护意识有助于提升旅游规划设计产品对于城市意义与价值的表达。注重文脉性、地方性和多样性一直是传统城市设计所倡导的，从克里尔兄弟、阿尔多·罗西、西特，到林奇、科斯托夫、科林·罗，从历史的文脉主义到新的城市主义、精明增长，再到后区划时代基于形态的条例等全都可以看出清晰的发展脉络。

依据文章上述内容可以得知，城市设计内容中最为重要的板块就是旅游规划的设计工作，城市旅游业的发展会直接影响到城市的总体经济水平，和城市的定位息息相关，并在其中占据着重要的地位。城市旅游行业的发展需要自然景观的支持，但是目前，我国城市中的自然景观数量比较少，大多是人造的景观地点，对此，我国在对城市进行总体规划设计的过程中，需要重视旅游规划设计工作的开展，对旅游业的发展模式进行考量，最大限度的对其资源进行整合，促进我国旅游业以及城市的发展。

第四节　特色化城市旅游规划设计

在对永州零陵愚溪河的旅游规划过程中，笔者认识到本地的诸多特色性旅游优势，也搜集了相关资料对该地的城市旅游规划进行分析，从而清楚地认识到地方性的特色化旅游重要性。本节基于永州零陵愚溪河的整体特色化城市旅游规划内容，探讨如何做好城市旅游规划，走出其自身的特色型旅游优势。

一、基于旅游感知尺度看待城市旅游规划

旅游规划的内容主要是按照所属空间的整体尺度内容，依照由大到小的空间布局，将城市的旅游规划分为三类，具体包括了区域内的旅游规划、城市旅游规划以及景区景点规划。而区域内的旅游规划，确切来说是一个基于旅游景点的宏观性规划尺度，规划的重点内容在于对于旅游业的整体布局分工；而景区的经典规划则属于细化的微观规划尺度，该种规划工作的重点内容在于对景区的多样功能性开发，包含了对于景观的整体配置，道路以及基础性设施的建设以及整体旅游服务的建设内容。从城市旅游规划概念上来说，此种规划不仅只是属于中观尺度的规划，基于城市大小不一，地域特色化不同，整体的规划内容理论来说虽然大同小异，但是在具有宏观规划的基础之上，还需要有微观的建筑规划内容。因此更是一种旅游综合性的规划内容，那么对于不同的城市旅游规划来讲，规划的主要内容更要包括城市的诸多特色。

二、特色城市旅游规划的性质及特征所在

依照近些年来城市旅游的特色化实践以及城市旅游业的整体发展需求，我国当前的城市旅游规划的主要特征具体表现为以下三点：

目的地之于城市旅游规划。在对城市特色化旅游规划的过程中，对于城市的整体旅游规划不仅是将城市作为旅游的客源地所展开的规划内容。而基于目的地城市旅游规划主要包含两种含义：其一就是城市旅游作为旅游的主要目的地，那么就必要满足游客在抵达该城市之后，所提出的全面性旅游需求进行整体性规划，因此对于城市旅游规划就无须满足当地市民的出游需求规划；其二就是旅游的目的地规划所涵盖的不仅只是旅游所在的景区以及旅游线路的整体问题，更多的要涉及旅游者的吃、喝、住、行以及娱乐等多个旅行要素，也就是城市旅游规划的整体属性。

目的性之于城市旅游规划。城市旅游规划的整体发展方向及指导性规划思想，以及在规划过程中所明确规划目的和所需解决矛盾是当前的城市旅游规划重要内容。比如上海世博会的旅游规划内容包括该景点的具体规划框架，以及世博会之后对于各项旅游设施资源，如何展开合理运用等。历史所创造的古迹就具备了鲜明的整体特征，与此同时更是给予当前城市更多的多样性以及独特性旅游景点。更为重要的是，一个城市的发展历程势必包含着过去与现在，那么发展过程中对于人文精神内涵、地域化活动等极具地域特色的丰富性活动内容得以传承与发展，也更是城市旅游规划的特点所在。

城市旅游规划实例分析。笔者认为，具有特色性的城市旅游发展规划应该对如下问题加以解决，首先要解决城市的整体旅游发展策略，将旅游产业的整体目标方向进行明确，对于规划过程中的重点以及空间分布进行全面性考虑；其次对于城市旅游的整体资源利用方面，要在市场分析的基础之上，合理规划城市旅游的具体空间结构；再者就是对于城市旅游所面对的市场目标进行分析，提出相应的旅游产业发展策略，结合相应的规划框架，完善旅游的相关设施及其服务内容，优化相应的地区发展；然后就是对城市旅游的整体规划内容进行基于功能性和旅游产业的发展目的，展开城市旅游的规划；最后就是对保障措施实施相应的制度，对旅游的整体生态型以及生态景观建设，建立一定的营销机制。基于此，笔者以永州零陵愚溪河的旅游特色规划为例，探讨特色化城市旅游的相关内容。

永州零陵愚溪河实地概括。永州是湖南省的地级市，位于湖南省的南部，在潇湘水流汇合之地。所具备的自然景观包括永州八景，具有悠久的发展历史，风景秀丽，三面环山，有着较为广阔的自然资源，且土地面积较大，正如古人所说"山水大聚会之所必结为都会"。该地不仅具备众多的历史文化古迹，比如柳子街、柳子庙、小石潭遗址、八愚遗址等景点，还有诸多珍贵的明书明木。而当前永州零陵愚溪河的入河水为潇水，该河道的整体宽带较窄，且水质较差，基地的流向也较为湍急。该地的农田与植被覆盖面积较大，种植类型也较多，具备了很好的植物保护价值。且该地存在一定规模的建筑群，具有别具一格的建筑

风格特色，将明清时代的湘南永州地区人民特色化的居住地以及风土人情得以展现，有着很深程度的历史、文化和艺术价值。

特色化永州旅游规划。对于如何规划特色化永州旅游方案，基于永州当地的特色化需求，依据以下几点展开研究规划。

①地域性景观。在对永州特色化旅游规划过程中，首先要对永州当地的城市发展历史，以及发展过程中沉淀的深厚文化内涵进行充分的全面了解，以此来打造具备一定独特性且唯一性的永州地域性景观规划。以永州的历史为规划基点，对生态进行最高的还原保护，且以生态化旅游为核心规划理念的综合性旅游景观。依照永州当地的独特性景观，尊重保护自然的理念，对愚溪河的历史沉淀发展以及柳子庙进行保护，对永州的水资源以及山优势进行特色性保存。对于永州地域性的山水格局景观，采取最好的控制方法就是可以对愚溪河以南的建筑高度进行控制，从而构建永州的城山各一面，中间江水纵横的山水格局地域性景观。与此同时还要体现永州的地方性特征，与永州当地的建筑风格进行多方面融合，从而创造出具备多功能型的极具古风古色历史内涵的地域性景观空间。②生态维护与生态开发。在构建特色化的永州旅游景点同时，更要重视对该地生态环境的保护。全面了解永州当地的整体景观布局，将其渗透进该城市的景观规划过程中，对永州的河岸线进行有机改善，从而促进生态维护工作以及永州当地的生态开发两者共存，协调发展共建永州的生态化城市旅游景观。以该地的城市文化发展为主要切入点，以永州的自然山水生态景观为展示依托，以永州当地的人文风貌为城市旅游的主要感受主体。不仅对于永州而言，对每一个城市而言，水滨的存在都是不可多得且极具价值的。因此基于永州的愚溪河两岸景观，展开生态化永州旅游规划，结合愚溪河的两侧景观，进行景观协调性规划，让永州愚溪河的存在更显生态自然化理念。通过在水滨布置观景台或者对活动空间进行扩大，达到永州的水滨生态型景观的最大化旅游利益。③旅游景观可持续发展。在对永州城市的特色化旅游进行规划时，更要重视的是能够推动永州景观实现可持续的发展管理模式。那么在此过程中，就要针对永州当地的地域性特色，因地制宜地减少建设景观过程中的成本投入，在控制成本的同时，建设高品质的低碳型生态景观，保证永州旅游景观的可持续发展。对永州进行功能性分区，如古街遗貌区，主要存在永州特色的历史古迹，以及大好河山区内部具有永州的秀美河山以及自然植被。对景观的规划实现一溪两岸的景观布局风格，达到愚溪河两岸的景观协调性。再者就是对旅游路线以及满足游客的停车场设计。对景点也进行规划，分为一级、二级与三级，旅游层次分明，更加全面性地实现永州城市的特色化景观规划。

城市的特色化旅游规划不仅带动了旅游产业的发展，更是对城市历史的传承，将历史的发展与沉淀，作为一种经济发展方式推动城市的发展。在构建全面综合性、符合实际的旅游规划同时，政府相关部门也应该对其重视，走有特色化的城市旅游之路，创造出极具特色型的社会效益与经济效益，推动城市的整体发展。

第五节 传统乡村的旅游规划设计

当前随着信息技术的突飞猛进，城镇化的不断改革发展与弘扬传统文化社会热潮，让村落的整体化、活态化保护受到政府、学者、社会其他人士的重点关注，而这并不意味着旅游的热潮退去，而是旅游作为村落活态化一种主要形式产生了巨大的推进作用。在当下传统村落本身特有和传承的物质文化与非物质文化价值成为异于城市大众文化的异质文化，因此其本身必然成为重要的旅游资源。从传统村落发展旅游规划的历程分析两者之间的密切联系，发现旅游规划对传统村落物质空间与社会空间带来的改变，阐释传统村落旅游规划设计中控制性、原真性、活态化的重要性，促进传统村落保护与发展。在规划设计中正确评估规划设计村落物质空间与文化空间所带来的变化，并坚持控制性原则，注重物质景观与文化景观的"原真性"，达到村落活态化目的。坚持以每个传统村落自身特色为启发点，深入挖掘其人文、艺术、经济、社会价值。

传统村落在不同时期研究的热点主要经历三个节点：村落自身物质文化景观—村落与旅游发展—村落活态化。这一发展过程与传统村落的价值逐渐被大众所接受和关注有着密切联系，也与社会、经济发展有直接关系。社会经济与技术未达到繁荣阶段时期，对于传统村落的研究主要集中在村落建筑、空间形态、手工艺、装饰艺术等；当社会经济迅速发展，从而推动旅游业的发展，许多地方村落搭接旅游列车，改变了村落的落后面貌，这时的传统村落研究多集中在旅游发展方面；随着信息技术的突飞猛进，城镇化的不断改革发展与弘扬传统文化社会热潮，使村落的整体化、活态化保护受到政府、学者、社会人士的关注。

一、旅游规划设计与传统村落保护的关系

旅游规划设计中的传统村落保护。近十多年，旅游业的发展非常迅速，旅游景点从名胜古迹、名人故居、繁荣都市，逐渐延伸到远城市近自然的乡村。在这些乡村中，传统村落成为乡村旅游发展的中坚力量。传统村落与非物质文化资源在历史建筑、民俗、手工艺、礼仪、文艺等方面具有较高的历史和艺术价值，受到人们的青睐。传统村落成为重要旅游资源的根本原因在于其本身具有很高的旅游开发价值、异于都市的慢生活理念向往和文化异质性的吸引力。

旅游规划设计中传统村落多为商业利益服务，这是旅游发展的根本追求。在旅游规划设计主导下的传统村落虽然作为重要旅游资源，但依然处于从属地位。根据规划设计的需要，传统村落自身多方面符合旅游发展需求标准，因此，传统村落多少会改变原有风貌，这些改变或多或少地体现在建筑内外空间、村落周边环境、村落居民生活方式及习俗。

传统村落保护中的旅游规划设计。在传统村落保护中旅游规划设计作为可发展路径之

一被许多村落运用，保存完善和有特色的传统村落都无法分离村落本身和旅游的关系，旅游在人们的潜意识中成为传统村落发展的必由之路。其实，旅游并不是传统村落保护与发展的必然选择，而是有利的选择之一。受到着重保护的村落，多数也选择了旅游发展这一策略，主要是基于旅游发展本身所带来的文化传播作用，可实现传统村落本身的历史文化价值。受到保护的传统村落在选择旅游规划设计时，旅游是作为村落物质与非物质文化展示的一种途径，这时的旅游发展是在传统村落保护的前提下根据需求设置旅游切入点。从传统村落保护的视角去看待旅游规划设计，旅游不再是追求经济利益最大化的一种商业工具，而是实现文化传播和适当拓展经济来源的手段，既能满足服务村落的文化展示，又为维修与保护工作提供所需资金。

二、旅游规划设计对传统村落空间带来的影响

旅游规划设计对传统村落物质空间的影响。旅游作为商业发展的一种方式，对村落物质空间最直接的影响是使部分民居建筑转化为商业建筑。在村落民居中，建筑内部空间一方面为游客展示建筑本身的文化艺术价值，另外，作为旅游纪念品展售的空间，使建筑的原有空间发生变化。村落街巷如果保存良好，多见于青石板铺地或为混凝土、铺地砖替代。在村落村口或内部空间会出现新生建筑，这些建筑多为旅游度假酒店。随着传统村落游览人次的累增，给当地环境带来严峻的压力，有时会破坏当地的生态平衡。一些因旅游而发展起来的纪念品和特产在一定程度上改变了原有的农业种植，经济利益的驱动促使村落农业结构发生转变，也改变着村落农业种植景观。村落也因旅游的需要兴建现代的基本生活设施，如消防、输水等设备。

对于村落物质空间发生的改变，不少研究者认为是村落受旅游带来生活方式的冲击，这种冲击会逐渐吞噬村落原有的面貌，从而失去原有的特色。其实，传统村落物质空间的发生变化是一个必然的过程，即使没有旅游的介入，它依然会受自我风化与外来文化的影响。这些村落所构成的物质文化空间是由村落祖辈居民所建设，村落物质空间的变化是随着生活在土地上的村民而变化，村民不可能永远保持原有祖辈的生活状态，只能继承与发扬祖辈所遗留的物质文化遗产，即村落物质空间的改变是必然，而非旅游带来的改变。旅游对村落物质空间的改变是可控的，有效控制可以促进村落的良好发展。村落在农业生产方面发生的变化，一方面突出了村落特有的生活方式；另一方面，通过突出农业特色产品的加工宣传，突出特色，获取可观经济收入，改变村落的落后局面，缓解村落"空心化"与"老龄化"的压力。不可否认的是，旅游所带来的生活垃圾污染对村落的保护与发展是一个非常不利的因素，村落管理者除了在环境保护宣传与制定"村规"之外，还应有效控制游客的数量。

旅游规划设计对传统村落社会空间的改变。旅游规划设计对传统村落社会空间的冲击是改变村落面貌的内在原因，它将改变村落社会的内部空间，体现在生活习俗、生活方式、

价值观念等方面。生活习俗方面是根据地域文化及环境所影响形成独有的习俗，在旅游利益的驱动下，使作为庆祝或纪念某些特殊事件、人物、时间等表演或集会的场所成为展示旅游文化的卖点。生活方式方面为商业化取代村落原有的农业为基础经济结构，部分村落居民的身份由农民转化为商人，原有的村落传统艺术文化以及本身的农耕文化作为旅游的"卖点"逐渐失去特色。价值观念方面是影响村落发展的关键因素，旅游给村落带来的不仅是旅客游览而获取经济利益和对外展示文化，在游客之间以及游客与村民错综复杂的交流联系中不断形成村落新的文化价值观念，这些观念对村落既存在着一定的保护与发展作用，也对当地文化构成严重的冲击，这是村落以外文化价值观对村落本身固有文化显现出的必然特性。

一个村落是否有利于维护其原有的文化生态系统及促进文化发展，其核心因素在于创造与继承村落文化因素的人。村民在整合村落社会空间中处于最重要的位置，只有村落村民认同自身文化，才是激活村落社会空间重要的影响因素。村落社会空间的改变给予村落呈现各种现状，当村落原有社会文化价值观念受都市以及其他主流文化的影响，迫使村民转变其固有价值观念，这种现象在新一代年轻人身上体现十分明显，这也是影响村落"空心化""老龄化"的重要因素。村民生活习俗打破常规的需求，成为一种表演艺术时，其社会历史文化价值逐渐被经济价值所取代。根本在于主流文化的"同化"作用，传统村落的社会空间文化本身在逐渐失去物质基础的同时，又面临着村落新文化的形成，如果没有坚定文化的延续与传承，村落变迁是一种不可阻挡的趋势。旅游对村落社会空间的改变，一方面，促使村民重新认识和重视其物质与非物质文化价值，从而进行传承与发扬；另一方面，新文化价值观念的融入，加剧了村民进一步走出去的状况。

三、传统村落保护中旅游规划设计的原则

控制性原则。旅游对于传统村落保护具有两面性，既可以促进村落文化传播和实现物质与非物质文化的发展，又对村落的物质空间环境和社会空间环境带来严重的冲击，甚至打破原有的文化系统，使其失去特色。因此，对旅游实施有效的控制，降低其破坏性是必然的选择。控制旅游对传统村落的改变主要侧重于物质文化与非物质文化，不因旅游而随意增减或扩建，只服务旅游的建筑设施而破坏村落原有的空间形态和格局，根据村落实际的人口承载力，有效控制旅游人数的增减，根据旅游旺季与淡季合理分流，重点监控村落生态环境变化与防止旅游而导致商业过度改变村落固有的文化习俗。在传统村落旅游规划设计中，应有效控制旅游对村落保护的潜在文化冲击，尤其是村落传承与延续的社会文化，它影响着村落居民审视和思考村落未来的发展方向。如果村落居民因传承与延续的特有民俗文化被主流文化同化，它将失去自身特色，同时也降低其旅游价值。

原真性与活态化原则。原真性是对传统村落本体保护的原则，如果失去原真性这一基本要求，传统村落的保护就失去了意义。对传统村落原貌维持不变是对其物质空间及社会

空间的所承载的历史文化、科学、艺术等资源价值的保护，只有积极有效地利用和发挥其资源价值，才是促使自身长久保存的根本。活态化原则就是激活村落的物质空间与社会空间，从源头上缓解及消除村落"空心化"等问题。活态化的核心是留住村落的原著居民，维持村落的继续发展，原著村民身上具备村落物质文化与非物质文化影响下的当地惯习与生活方式，这些受当地环境影响下的生活行为也是维持村落原貌与长远发展的重要因素。旅游对传统村落发展可视为激活村落活态化的方式之一，正确规划指导村落旅游发展，通过借助外来商业力量逐渐改善村落居民的生活水平，使村落文化艺术价值得到有效传播。传统村落的发展必须在合理的原真性与活态化原则的指导下进行旅游开发，否则失去原真性和不合理的活态化发展，只能导致传统村落的名存实亡。

在传统村落的旅游规划设计中，应在学者及专家长时间的调研下来完成村落历史、文物、建筑、景观、社会实态的调研报告，根据调研所得信息进行综合判断并制定保护制度规范与旅游规划设计实施细则，以旅游方式延续和盘活村落发展。在规划设计中正确评估规划设计村落物质空间与文化空间所带来的变化，并坚持控制性原则，注重物质景观与文化景观的原真性，达到村落活态化。在传统村落保护规划中树立民众的主体地位，任何规划与设计都要建立在尊重居民原有的生活理念之上，保持村落原有的生活生产方式以及特色工艺，不因旅游而将村落向城市化靠拢。

第六节 乡村生态旅游景观规划设计

随着我国经济技术发展，城市化进程加快，人们的生活压力也随之加大，而乡村旅游则起到了缓解工作压力和修养身心的作用。而浙江省素有"鱼米之乡""丝绸之府""文物之邦""旅游之地"之称，其自然环境、社会经济、历史文脉共同构成了浙江地区独具特色的乡村地域景观。因此，本节以浙江省乡村生态旅游景观规划为例，首先对浙江省乡村旅游资源进行了概述，详细探讨了乡村旅游区景观规划设计中现存的问题，并提出了相应的乡村生态旅游景观规划的设计方法，旨在促进浙江省乡村生态旅游的快速发展。

近年来，乡村旅游景观规划设计正处于不断发展提高的过程中，但是能够指导乡村创造出空间布局合理、乡土特色鲜明、生态环境良好的生态式旅游景观的理论研究资源还相对稀少，完整的规划设计方法体系也还没有形成，一些缺乏科学有效地指导的规划设计不但破坏了淳朴宝贵的乡村景观，甚至威胁到了乡村生态系统的整体稳定性。

一、浙江省乡村旅游资源概况

浙江属亚热带季风气候，四季分明，光照充足，降水充沛。年平均气温15℃～18℃。全年气温最低和最高的月份分别在1月和7月，5月和6月为集中降雨期。浙江省地理特征极为丰富，以山地和丘陵为主，其次为平原和盆地，河流和湖泊占小部分，耕地最少。地势自西南向东北阶梯式倾斜，大致可以分为浙北平原、浙南山地、浙西丘陵、中部盆地、浙东丘陵海岛五大地形。

浙江省丰富的自然资源赋予了它乡村地区富足的旅游资源，既有山清水秀的自然景观，又有传承历史的文化底蕴；既有传统农耕文明的印记，也有现代工业文明的结晶；既有特定历史人文积淀的古村落风情，又不失当代新农村建设的崭新风貌。据相关数据显示，省内具有国际吸引力的五级乡村旅游资源点已达 37 处，占 5.2%，如温州的古村落群，宁波奉化滕头村，安吉的报福镇等；具有国内吸引力（三、四级）的旅游资源点多达 424 处，占 59.9%，如杭州湘湖生态村，余姚大隐镇芝林村等；具有地方吸引力的（一、二级）的资源点有 246 处，占到 34.8%。

二、乡村旅游区景观规划设计中现存的问题

旅游产品单一。如今的乡村旅游活动早已无法满足游客越来越高的需求，原因在于现在的乡村旅游活动一般以观光、采摘、垂钓等旅游项目为主，有创意的旅游项目较少。关于民风民俗文化的内容在乡村旅游景观规划设计中仍然很少见，而且极度缺乏乡村旅游资源挖掘精神，一味地复制早已是乡村旅游区景观规划设计存在的问题。

基础设施不完善。大部分乡村旅游景区是经济发展水平较低的地区，这些地区又基本上都是离城市较远，而且有大多数景区的交通很不便利。由于种种原因，乡村旅游景区的基础设施不完善，这很难满足游客休闲度假的要求，让游客对乡村旅游的印象不佳。这也是游客在简单地观赏后便急急离去又或是来了就不愿再来旅游的原因。

景观生态环境保护意识薄弱。绝大多数游客去乡村旅游景区旅游是为了更好地亲近自然，享受大自然清新的空气、优美的风景。然而，许多乡村旅游景区的生态系统都遭到了破坏。这种破坏现象会随着乡村旅游的不断发展变得愈加严重。乡村自然生态环境健康发展是乡村旅游持续发展的基础，但旅游者和景区管理者薄弱的生态环境保护意识会使旅游景区的生态恢复的时间越来越长，需要维护的资金越来越多，这在很大程度上降低了乡村旅游景区的经济效益。

景区管理工作较为散乱。乡村旅游景区的规划设计工作必须得将管理工作落实到景区的每一个环节。但如今的景区规划设计与景区管理工作并没有贯穿在一起，这导致景区的管理效果很不乐观。不得不提的是，乡村景区的村民们在乡村旅游获得一定的成果后都竞相模仿，导致景区的管理变得越来越混乱，出现很多乡村各自为政、急功近利的乡村旅游景观规划的情况。

三、乡村生态旅游景观规划设计方法

合理规划目标。从多个角度提出生态化设计思维，倡导景观设计与改造的科学性，为

区域环境建设做好充分的准备工作。按照地区特有的生态优势，不断完善原有的景观设计模式，才能体现出生态景观特色，带动地区旅游业快速建设与发展。乡村生态旅游要按照"因地制宜，合理布局，突出特色"的原则，根据区域旅游的总体发展情况，进行统筹安排，全面规划，合理开发，将乡村生态旅游规划与基本农田保护规划、村镇建设规划相结合，与自然环境保护、再生资源永续利用相统一。例如，"桃花水母"位于浙江省安吉县中南百草园中部，距县城14km，距镇政府驻地5.2km；周边有"亚洲文明之灯"——穿洞文化遗址，省级风景名胜区夜郎湖，"讲义一号营"全国农业旅游示范点等景点相互链接成一条农业休闲及乡村旅游的产业链。

保护资源环境。开发前，对乡村生态旅游地的开发规模、环境的承载力进行评价，对客源市场规模、客流量等进行预测，并以此为依据决定开发的环境保护策略；发过程中要重视环境、资源的检测和管理，避免开发过程中造成资源的破坏和生态环境的退化。"乡村性"是乡村生态旅游的独特卖点和最重要的旅游吸引物，因此，尤其要注意保护乡村旅游的自然和文化传统。在乡村生态旅游发展过程中，应发挥政府和各级行业协会的作用，规范乡村生态旅游经营中出现的不正当行为，为乡村生态旅游发展创造一个公平的竞争环境。

开发特色产品。特色是旅游产品的灵魂乡村生态旅游产品的独特性在于农味、土味、野趣和生态性。在乡村生态旅游产品开发和设计中，要在乡村民俗、民族风情和乡土文化上做文章，使其在内容和形式上充分体现与城市生活不同的文化特色，体现出鲜明的地域特色、民族色彩和文化内涵。例如，"桃花水母"的稻作文化区：挖掘农耕文化，打造以稻作文化为主题的体验区域，以风车为特色；养生度假区：以资源为核心吸引大量游客，依托区域温泉资源优势，以温泉疗养为主导，休闲娱乐、家庭旅游、康体健身为辅助，打造功能复合型度假区。

综上所述，随着物质生活水平不断提高，人们对生态旅游消费需求日趋增多，"乡村生态旅游"是现代旅游行业经济发展的新趋势，因此，必须采取有效措施做好乡村生态旅游建设，从而推动整个乡村地区旅游产业的可持续发展。

第二章 旅游规划的基本模式

第一节 区域旅游市场营销规划模式

随着市场经济环境的改变，中国在旅游市场经济营销中也发生了较大的变化。如今不少旅游规划工作缺少对市场的研究内容，营销规划不够完善，影响着中国旅游业的发展。所以，本节通过对区域旅游市场营销中目前面临的问题与挑战进行分析探究，从而对市场营销规划提出相应的策略，建构合理的区域市场营销规划模式，从而提高区域旅游的更好更快发展。

旅游业作为中国的新型产业正在逐步发展，如今一些地区的旅游业成了发展经济的主要来源。旅游业不仅改进了传统文化的继承方式，而且也提升了中国社会人民的基本素质。当前旅游业的竞争激烈，中国面临着市场与竞争的双重压力，所以如今的区域旅游市场形成了营销规划不完善、理论基础不准确等要素。

一、区域旅游市场营销中面临的问题与挑战

区域旅游市场营销中面临的问题。目前，中国区域旅游市场营销面临着很多问题，主要表现在营销理念陈旧。在区域旅游市场中，开发者没有分清促销与营销的概念，没有考虑到旅游者的实际情况，形成错误的营销理念。所以为了区域旅游的长远发展，就应该形成一套完整的营销体系。从长远的发展目标上看，很多管理者和经营者并没有对市场进行更深层次的研究，他们只是注重短期的经济效益，从而影响了整个旅游业的发展。如今中国的区域旅游越来越多，当然，受欢迎的方式也越来越多。但有的地区并没有形成良好的特色旅游形象，不仅在地域、形象上没有改善，在文化特色的发展上也没有更好的改善。加之需求者对旅游业的要求越来越高，区域旅游的管理人员素质也越来越低。由于中国的市场营销规划不够完善，致使许多旅游市场的服务水平下降，区域旅游市场模式的严重缺失。

区域旅游市场营销中面临的挑战。区域旅游市场在营销中也面临着很多挑战，主要表现在旅游者的消费观念、旅游业的竞争以及市场营销理念的转变。从旅游者的消费观念上看，近几年，人们追求具有个性的旅游景点，他们在选择旅游地点上更加理性。这样就加

剧了旅游业之间的竞争力，所以为了提高旅游业的竞争，必须注重市场营销理念的转变。注重消费者在旅游项目上的转变，进而改变旅游管理者的综合素质，使区域旅游的发展与市场相吻合，以提升旅游业之间的竞争力。

二、规划区域旅游市场营销战略

规划营销战略基础。规划营销战略基础作为旅游营销战略的主体，主要从四个方面进行改善。首先，确定发展方向，制订长远的目标是规划区域旅游市场营销战略的主要任务，主要是确定他的市场情况。根据消费者的实际情况，确定旅游的发展方向和发展目标，对旅游地的营销计划进行设计改造。然后，确立营销任务，根据旅游地点，把握未来的发展趋势，使旅游地点能够在一定时间提升它在旅游业中的地位。进而，制订营销目标，根据了解到的营销方向制订任务，控制旅游地的形象、把握旅游销售的利润指标，从而使营销目标更具体化。最后，选择营销战略，最主要的是对旅游地和旅游产品的策划，旅游市场主要的利润来源是景点变化和特色产品的变化。所以协调产品价格、销售渠道以及人为因素的营销理念，进而实现市场营销战略的调整。

规划市场营销策略组合。规划旅游市场营销策略组合，要依赖很多方面的改变。比如：旅游产品、价格策略、分销策略、关系营销以及服务营销。从旅游产品上看，随着季节性的变化，制订不同的策略。旅游产品受周期的影响，对于刚兴起的旅游区域进行价格产品促销方式；对于正在兴起的旅游地，就要改进产品的质量，增加新功能；对于已经成熟的旅游区域，考虑到市场的竞争优势，就要加大促销产品的力度；对于即将要衰退的旅游景点，由于获取的利润低，需要放弃产品的推广，加大旅游区域的改建工作。而且受旅游品牌与新产品的影响，有效地提高了产业的文化价值。在价格策略上，它是产生效益最重要的因素。由于市场类型的不断变化，景区门票和产品的价格在不影响成本的方式上进行调整。对于分销策略，随着旅游市场的不断发展，发挥多种的营销策略，以获取旅游市场上的进步。关系营销主要是提升旅游者的数量。服务营销则主要是对旅游景区的印象作为友好的评价。

规划营销总费用的预算。根据企业营销的管理能力以及营销目标的发展状况制定相适应的营销费用，进行市场的营销预算。根据旅游地的自身情况，随着销售费用的变化对营销的总费用量力支出。由于受旅游季节与旅游地的发展周期不同，对促销费用的支出做出相应比例水平的调整。在激烈的旅游业发展上，规划营销预算还要与竞争对手的预算相同，这样不仅避免促销上引起的战争，也保证了预算在长期实践下的合理性。

规划近期的市场营销计划。营销计划是旅游业日常的销售方式，保证有规律的营销计划，实现独有的特色文化。首先，根据市场上的营销规划设立营销方案，主要是设计旅游产品的不同。然后确定目标市场选择适合的营销方法。由于前期的营销计划已经落实，在安排中远期预算上，就不要给予太确定的目标，因为促销费用一般都是以粗略的预算进行分配的。所以在营销组合战略中，把握旅游市场和目的地的促销方式，规划具体的发展目标的行为策略，从而为完成旅游的营销活动做准备。

区域旅游形象规划。开展区域旅游，在制定旅游发展目标之后，需要根据自身环境以及经济发展优势明确旅游形象。首先需要确立整体的区域形象，然后与区域中的旅游形象相互结合，制定中心城市形象，最终刻画产品形象。这样的从总体上形象定位，再到特色产品上形象定位，能够将旅游产品的形象更加具体的展现出来。

以栾川区域旅游形象规划为例，栾川山川秀美，自然风景美不胜收，因此在进行形象规划时，将其定位为"生产绿色和健康的世外山水"，这种形象定位是栾川区域的远期形象目标，也是区域的整体形象。接下来，从旅游产品的总体形象上看，以其区域城市经济发展为根基，面向河南省以及其周边的休闲区域以及度假市场，将栾川的旅游形象定位为养生景区，这是该地区的近期形象规划。

从更加近一点的程度上分析，栾川的旅游形象可以定义为整个城市的中心形象，包含了休闲、度假等旅游功能，形象描述为"山水园林城市、最佳度假城市、优秀旅游城市"。当旅游区域的主体形象规划好之后，可以将该区域中的特殊景点作为该地的形象。景区内的主要形象有：老君山——老子归隐地，养生文化苑；九龙山温泉——中原第一泉；龙峪湾——天然大氧吧，自然大空调；通过对旅游区域进行形象规划之后，单凭其中一项景点就能够让游客认识到该区域的景观特色。

区域旅游市场旅游规划是发展旅游业规划的重要组成部分，一个成功的旅游景点离不开科学的旅游发展规划，所以在区域旅游的市场营销规划模式中，应当在掌握市场的环境变化中寻找机遇，然后建立旅游市场的信息平台并提出相适应的营销计划，在促销上不断创新选择。随着时代发展的进步，中国旅游业的发展形势在不断变化，旅游规划者对旅游业的市场研究也在不断深入。所以，完善中国旅游市场的营销规划，使中国的旅游业发展为世界的领先水平。

第二节　文化旅游产业的融合发展模式

文化旅游产业作为一种新兴产业，全面融入国家战略体系，成为国民经济战略性支柱产业，具有内生的创新引领性、协调带动性、开放互动性、环境友好性、共建共享性，与五大发展理念高度契合，呈现消费大众化、需求品质化、竞争国际化、发展全域化、产业现代化发展趋势。

党和国家制定了一系列促进和支持文化产业和旅游产业发展的政策措施，明确了国家在发展中的责任，即在最大限度地为社会提供公共文化服务的同时，利用财政税收、金融调控、社会保障的政策手段，鼓励和支持文化旅游产业发展。在文旅融合的大背景下，以文促旅、以旅彰文、和合共生，推进业态融合和产品融合，推进市场融合和服务融合，推动文化和旅游市场培育，实现统筹文化和旅游公共服务建设管理，文化旅游共生、主客资源共享，势在必行。

一、文化旅游产业发展新趋势

近年来，文化旅游产业持续火爆。文化是旅游的灵魂，旅游是文化的载体。文化使旅游的品质得到提升，旅游使文化得以广泛传播，并推动多方面产业发展。

例如，当下推动的夜游经济效益可观、潜力巨大，受到越来越多的地方政府重视，投资意愿加强，相关投入呈现快速增长。据智研咨询发布的《2018—2024 年中国夜游经济行业市场发展模式调研研究报告》显示，近年美国居民已有 1/3 的时间、1/3 的收入、1/3 的土地面积用于休闲，而其中 60% 以上的休闲活动在夜间。在国内，北京王府井出现超过 100 万人的高峰客流是在夜市，上海夜间商业销售额占白天的 50%，重庆 2/3 以上的餐饮营业额在夜间实现，广州服务业产值有 55% 来源于夜间经济。一个常住及流动人口 300 万的城市，假设每天 10% 的人进行夜游消费，假设人均消费 30 元，每晚就有一个 900 万元的大市场，一年收入可达 30 亿元。

而在北京 APEC、博鳌亚洲论坛、杭州 G20 峰会、厦门金砖国家峰会、上合组织青岛峰会、深圳改革开放 40 周年纪念活动、中国国际进口博览会、文博会等一系列主场外交及其他重大活动过程中，美好的夜景展示令人印象深刻。城市景观照明在国际性大型活动中的示范效应，引起各级政府关注，城市景观照明正在从中心城市向二三线城市展开。在国家大力推动美丽中国战略以及大力建设特色小镇的背景下，景观照明对于城市文化形象塑造，打造特色文化旅游夜经济，具有重要作用。随着城镇化与消费升级的快速发展，老百姓的生活水平不断提高，居民对于城市发展质量的要求也在不断提高，城市景观照明工程作为城市文化的重要载体，可以将当地文化通过灯光和舞台效果有效地向公众展示和传播，有助于塑造城市整体形象，提高城市居民的获得感和幸福感。景观亮化市场规模不断提高，我国已成为全球最大景观亮化市场，预计 2020 年行业规模达到近 1000 亿元。特别是从 2019 年开始，各大城市的大型事件活动为景观照明的持续发展提供了催化剂。

二、文化旅游产业投融资现状

文化旅游产业由生产力水平和社会消费需要决定，是社会化大生产和市场开放的必然要求。大力发展文化旅游产业，是加强社会主义精神文明建设的重要手段，是建设中国特色社会主义文化的重要途径，是满足人民群众日益增长的文化需求的重要方式。

在把握时代特征的前提下，我国提出了建设文化强国目标。在实施过程中，以拓展资本市场为突破口，努力实现文化旅游产业投融资方式创新，文化旅游产业建设取得可喜进展，为建设文化强国奠定了基础。

近年来，各地在促进文化旅游产业发展方面，积极探索，大胆实践，积累了宝贵经验，取得了显著成绩。主要表现在：涌现出一批面向市场、创新发展的文化旅游产业集团。各个文化旅游产业门类蓬勃发展，对促进文化体制改革、解放和发展艺术生产力、增强文化旅游单位活力，对繁荣和规范文化旅游市场、广泛吸引社会资本参与，对丰富活跃群众精神文化生活、改善人们的生活消费结构，对扩大内需、增加就业、开辟税源、推动第三产业发展等方面都起到了积极作用。坚持经济社会事业全面协调发展，文化事业与经济发展同步推进，文化旅游产业对城市经济的贡献率不断提高，成为重要的支柱产业。努力繁荣公益性文化事业，壮大经营性文化旅游产业，不断拓展文化旅游市场，促进文化与经济的融合，大力扶持传媒、印刷发行和照明等产业。

当前，文化旅游产业投融资的主要形式，可概括为以下几种：

一是公益性文化事业项目以政府投资为主，民间投资为辅。一般说来，公益性文化事业项目主要是政府投资，大约占90%以上，有少量民营资本进入，占不到10%。政府和民营资本对公益性文化事业投入，对文化产业发展环境的形成和优化有很大拉动作用。

二是对媒体的投资项目以国有经济为主，部分民营资本进入，投资冲动很强。如有线网络、节目制作（电视节目制播分离）、广告分包，对报业、广播电视业的整合等。

三是对图书出版发行印装业的投资。在印刷装帧业，民营资本非常活跃，且已经形成规模。在图书发行行业，占绝大多数份额的还是国有新华书店，但民营资本进入势头很猛。

四是对旅游产业的投资仍然采用"政府主导，市场运作"的模式。一般是政府提供启动资金，给予政策扶助（国债项目、政府贴息等），引入开发商。民营资本投资热点多在旅游业和与旅游相关的行业。

综上，在国家许可范围内，鼓励和引导社会资本以多种形式投资文化旅游产业，参与国有经营性文化事业单位转企改制，允许以控股形式参与国有影视制作机构、文艺院团改制经营，在投资核准、银行贷款、土地使用、税收优惠、上市融资、发行债券、对外贸易等方面给予支持。

同时，从文化旅游产业经营和投融资方面分析，这两个领域的人才危机已经呈现出来。管理人员缺乏经济和管理常识，缺乏文化艺术的鉴赏修养和娱乐趋势的判断力，整体缺乏既懂经济又精通文化旅游娱乐业特点的复合型高素质经营管理人才，培养本土文化旅游产业人才非常迫切。要针对文化旅游产业发展的现状和培养文化旅游产业高级管理人才的目标，强调系统性与深度的有机结合，紧贴行业前沿，以国内外文化旅游产业领域知名专家学者、业界精英为师资开展教育培训。

三、文化旅游产业发展及投融资建议

以习近平同志为核心的党中央高度重视文化旅游产业发展，为新时代文化旅游产业发展提供了基本遵循。推动文化旅游产业高水平融合、高质量发展，要紧紧围绕提供优秀文化旅游产品和服务的中心环节，站在思想认识的新起点和发展实践的新台阶上，强化产业思维，坚持底线思维，把握产业趋势，遵循市场规律。

为此，要从完善政策法规、建立统筹机制、推动园区升级、健全投融资体系、培育消费市场、鼓励产品业态创新、壮大市场主体、深化国际合作等方面采取务实举措，加快健全现代产业体系，以高质量文化和旅游供给增强人民群众的获得感和幸福感。

要顺应社会对文化需求呈现出的新发展趋势。如今，人们实现自身全面发展的意识更加自觉，更多关注精神文化生活的丰富，文化需求不断增长。这就要求通过文化和旅游融合发展，推出更多文化和旅游精品。具体而言，文化与市场的结合更加紧密，多样化、多层次文化需求的实现更加依赖于市场；通过文化和旅游融合发展，创造更加舒适、便利的旅游环境。人民群众对文化产品和文化服务质量的要求不断提高，文化消费选择更具自主性；通过文化和旅游融合发展，实现安全旅游、文明旅游。文化产品的生产、传播、消费手段和方式更加科技化和现代化，国际文化交流更加频繁；通过文化和旅游的融合发展，推动中外人文交流，文化领域对外开放不断扩大。

与此同时还应看到，非公有制经济已成为文化旅游产业发展的一支重要力量，非公有制经济的积极参与在产业发展中发挥了不可忽视的作用。从投融资的角度看，在市场经济条件下，哪个领域有需求，资本就向哪个领域流动。目前，社会资本已经有能力、有魄力进入文化旅游产业参与竞争。社会资本进入文化旅游产业是一种必然趋势，将促进文化旅游产业发展，从而促进社会进步，这正是市场在发挥引导和配置资源的作用。

对于京津冀地区来说，要将文化产业和旅游产业精准定位，融入发展战略之中。首先，国家以疏解北京非首都功能为"牛鼻子"推动京津冀协同发展，释放了一系列政策红利，为文旅发展提供了新空间，搭建了新平台；其次，随着大众旅游时代到来，以及京津冀"一小时交通圈"的建设完善，依托京津成熟的旅游消费市场和周边游、生态游等庞大需求，河北文化旅游有望成为京津冀一体化的"第三极"；最后，京津两地科技、人才、资金优势明显，河北可以通过借力发展，进一步承接两地文化旅游开发运作方面的"溢出效应"。

第三节　健康产业与旅游产业融合发展模式

乡村振兴是我国重要的发展战略之一，也是推动新农村建设持续快速发展的主要动力。为更好地振兴乡村经济发展，也为了契合现阶段农村经济的发展需求，要积极拓展乡村经济发展的新业态。在乡村振兴的战略背景下，大力推动生态旅游产业以及健康产业的发展，实现二者的有效融合，具有非常重要的现实意义。既可以带动乡村地区经济发展，激发乡村经济发展活力，也能大力推动新农村建设，实现农村经济可持续发展。现阶段，农村地区在推动生态旅游业发展的过程中，还存在较为突出的问题，如以自然观光为主的旅游模式，内容载体与产品特色严重缺失，无法吸引更多旅游者，游客多样性旅游需求得不到满足。同时，健康产业的发展也维持在较低的水平，很难真正契合新农村建设方针。因此，结合乡村振兴战略背景，要充分融合生态旅游产业与健康产业，推动乡村生态康养旅游发展，是非常必要且关键的。

一、乡村生态旅游产业与健康产业融合现状

在乡村振兴的背景下，不断推动新的经济形式的发展，切实有效的实现产业间的融合，能够为新农村的建设、发展注入新的活力。在我国部分农村地区，自然资源十分优越，拥有良好的湖泊资源以及山地资源等。在推动产业融合发展的过程中，必须充分全面地应用好这些优势资源。如针对自然资源优越的地区，要充分发挥其自身的优势，构建养生基地以及度假区，大力推动生态康养旅游产业发展，积极开发康养旅游产品，从而吸引更多消费者。依托于多元化、多样化的旅游产品，既能够满足不同年龄消费者的旅游需求，也能够给消费者带来多样化的体验，帮助其修养身心。当许多旅游者来到乡村进行观光游览时，本身就是一股强大的消费力量，自然能够带动当地经济发展，实现乡村振兴。

例如，河南省在深化生态旅游业与健康产业之间融合时，利用优势产业推动产业融合。其花木产业体系发展较为完善，因而河南省将花木产业作为发展基础，积极推动健康产业与花木产业融合发展，打造出健康养老服务综合体。在此基础上，河南省还构建了完善的空间布局，将该地区作为健康产业融合发展先行区。河南省将乡村生态旅游业与健康产业相结合后，当地城乡居民收入显著提高，较去年增长了8%，同时当地产业结构也在不断优化。在发展过程中，通过打造康养主题生态旅游方式，在现有产业基础上不断增加新的产业，使乡村振兴战略得以实施。生态康养旅游业的发展，还解决了乡村振兴发展过程中存在的要素投入难等问题，利用产业的全面发展，为产业融合开辟出全新道路。

目前，我国乡村生态旅游业与健康产业之间已经实现初步融合，发展模式多样化，如资源整合、技术渗透以及市场交融等模式。但从实际发展现状来看，乡村生态旅游产业与健康产业融合还存在一些问题。比如，融合度低以及联动性不足等。在健康产业发展过程中，生态旅游内容不够明显，而在生态旅游产业发展过程中，健康产业的内容不够突出。由此可以看出，当前生态旅游与健康产业之间的融合仍处于起步阶段，同时融合后的产业定位不够明确，并未形成完善的生态康养旅游产业链。

二、乡村生态旅游产业与健康产业融合中存在的问题

乡村生态旅游产业与健康产业的融合，能够实现"1+1＞2"的目标。作为两个不同类型的产业，其发展基础存在诸多的相似之处。但当前，在两大产业融合发展的过程中，尚存在较为突出的问题。诸如专业人才的缺失、特色精品的缺乏等等。笔者经过分析乡村生态旅游产业与健康产业融合的问题，集中表现在以下几个方面。

（一）政策缺乏可操作性，资金投入较少

现阶段，我国对康养旅游重视程度在不断提升，同时也积极制定了多项政策。当地政

府要利用政策优势，带动生态旅游业与健康产业之间的融合发展。2017年2月5日，中央一号文件《中共中央、国务院关于深入推进农业供给侧结构性改革加快培育农业农村发展新动能的若干意见》正式发布，首次提出"旅游+"概念。文件指出要大力发展乡村休闲旅游业，充分发挥乡村各类物质与非物质资源富集的独特优势，利用"旅游+""生态+"等模式，推进农业、林业与旅游、教育、文化、康养等产业的深度融合。但在政策提出的伊始，虽然从发展目标层面给予了一定的规范及指导，并未制订具体实施方案，同时也并未指导示范企业空间布局。完善基础公共服务设施以及创新康养旅游产品往往需要大量资金支持，但是我国目前对发展生态康养旅游业并未设置专项财政资金，导致公共基础服务设施建设速度缓慢，康养旅游产品缺乏创新，严重制约生态康养旅游进一步发展。

（二）企业整合与创新能力不足

生态康养旅游项目属于中高端旅游产品，在发展过程中若只依靠当地村民的力量，很难实现进一步发展。因此，为推动生态康养旅游项目发展，实现产业融合，当地政府需要引导企业参与到产品生产以及开发过程中。旅游企业利用自身的发展优势，推动产业融合以及完善产业基础设施，企业自身所具备的整合能力以及创新能力，将会对产业融合产生较为积极的影响以及促进作用。若企业具备较高的整合能力，则能够有效推动产业融合，同时还可以推出全新旅游产品，创新服务；若企业自身不具备整合能力，则会制约产业间的高效融合。因此，企业是否具备创新能力将直接影响融入性产品质量。现阶段，我国具有整合能力的企业数量相对较少，这在很大程度上制约生态旅游业与健康产业的深度融合。

（三）缺乏高素质人才

生态旅游业与健康产业能否深度融合的关键因素在于是否拥有高素质综合性人才。在乡村振兴战略背景下，生态康养旅游彻夜发展过程中明显缺乏高素质人才。高素质综合性人才不仅需要具备旅游管理方面知识，同时还需要掌握健康养生方面知识。现阶段，我国并未将服务行业发展与人才培养相结合。首先，专业人才培养体系不完善，学校与企业未进行对接，院校课程设置与人才培养体系不符合企业对人才的需求。其次，我国各大高校在课程设置方面也存在诸多问题，与企业岗位要求不吻合，校企合作不密切等。最后，高校在教学过程中，通常较为重视理论知识，而忽视学生实践能力培养，也没有开展较为系统全面的校外实践教育，这就使得学生虽然具备较为丰富的理论知识，但明显缺乏实践能力。

三、构建生态旅游产业与健康产业协同发展体系

为进一步推动生态旅游产业与健康产业的融合发展，应当构建完善的协同发展体系。协同发展体系主要指在同一融合体系中，其利益相关者通过合作等方式，实现共赢。在产业融合过程中，往往会涉及多个利益主体，可将所有利益相关者作为一个整体，将企业以及产品等要素作为子系统，优化现有政策以及资金等要素，引导子系统以及资源要素之间

相互合作，实现产业融合与发展，并明确发展目标以及任务，实现利益主体的发展。

（一）协同发展目标与主体

生态旅游产业与健康产业在协同发展过程中，产业融合目标为引导政府、企业以及人才培训机构之间进行协同合作，形成完整的服务系统以及监管体系。通过这一方式，能够构建出完善的产业融合协同发展体系，实现生态旅游产业与健康产业之间的深度融合，全面贯彻乡村振兴战略。

为实现生态旅游产业与健康产业的深度融合，政府应当充分发挥自身统筹作用，结合实际需求制定产业政策，对市场秩序进行监管。同时，政府还需要充分发挥出领导以及组织作用，进一步发挥自身的宏观调控能力，从资源整合以及人才培养等多个方面来发挥自己的职能作用。此外，企业作为产业融合的主要实施者，应充分关注自身的能力建设，企业自身创新能力与发展情况将直接影响产业融合效果。基于此，企业要注重提升自身的创新能力。人才培养机构在产业融合过程中同样占据重要作用，能够为产业融合输送大批人才。在生态旅游产业与健康产业协同发展过程中，其应当以政府、企业以及人才培养机构为主体。只有真正形成协同发展机制，才能够最大限度地推动产业融合发展。

（二）协同发展任务分析

1. 政府层面

首先，政府应当制定出产业融合管理机制，并明确权责。在产业融合发展过程中，由于产业功能与产业利益之间存在差异性，在融合过程中易产生矛盾。因此，在产业融合过程中，政府部门应当构建完善的管理机制，合理进行产业利益分配，平衡二者之间的权责关系。结合目前生态旅游产业与健康产业的发展状况以及市场需求情况，政府可积极成立生态康养旅游工作委员会，委员会应当由文化和旅游部、生态环境部以及医疗保障局等部门组成。在生态康养旅游工作委员会建成后，不仅能够强化标准制定与管理体制建设，还能够营造出良好的市场环境，推动生态旅游产业与健康产业融合发展。

其次，政府还需要细化产业融合方案，保障政策的可操作性。政府需要发挥指导作用，积极颁布相关政策措施，制订出完善的产业融合方案，细化融合方案，明确指出产业融合中存在的空间布局等问题，打造出完善的生态康养旅游产业链。

最后，政府需要增设专项资金，加大资金扶持力度，从根本上推动产业融合发展。例如发展特色康养小镇以及温泉康养旅游等。此外，政府还需要鼓励金融机构的参与，积极创新金融产品以及融资方式，大力鼓励社会资本进入康养旅游产业中，推动生态旅游与健康产业的融合发展。

2. 企业层面

为推动生态旅游产业与健康产业的有效融合，企业应当充分发挥其作用，采取相应措施，提升自身整合与创新能力，开拓出全新营利模式。现阶段，市场环境在不断变化，消费者需求同样也发生了翻天覆地的变化。为充分满足消费者多样化、个性化、差异化的需求，企业应当对人力、财力以及信息等要素进行调整与升级，构建协同创新机制，有效衔接企业与业务之间的内在关联性。随着信息技术高速发展，企业应当积极运用信息技术、大数据技术以及云计算技术，推动生态康养旅游产业发展，开拓全新营利模式。

3. 人才培养机构层面

为实现生态旅游产业与健康产业融合发展，应当重视人才的培养。人才培养机构应当充分发挥其作用，采取相应措施，结合当前社会、企业需求，增设康养旅游专业，加强职业能力培养。在生态旅游产业与健康产业融合发展过程中，势必需要大量的高素质综合性人才。这类人才不仅需要具备专业化的理论知识，还需要具有管理、运营知识以及实践能力。针对当前社会需求，高校应当转变人才培养模式，加强学生职业素质教育。在设置专业时，高校应当增设康养旅游专业以及旅游与健康服务专业等。在具体的教学实践中，教师既要重视理论知识教学，还需要重视实践能力培养。此外，高校要加强与企业之间的合作，积极邀请企业为学生提供实践平台，对学生进行康养职业能力训练，全面提升学生的综合素养。人才培养机构还需要制定分层培养战略，例如，高校应当侧重管理以及康养旅游专业知识人才的培养，高职院校与社会培训机构也需要发挥自身作用，培养专业技术型人才，为生态康养旅游产业发展输送大批人才。

在乡村振兴战略背景下，应当深化生态旅游产业与健康产业融合发展。结合我国目前乡村发展经济现状，推动多个利益主体协同发展，整合各项资源，创新旅游产品，培养高素质综合性人才，从而实现康养旅游产业的持续健康发展。

第四节　旅游六要素的农旅融合发展模式

旅游六要素是游客需求的主要体现，基于此挖掘农业的多功能性，提出乡村景观道路、民宿客栈、农家饭店、农业观光旅游、旅游农产品和农业体验旅游六大农旅融合模式，可充分满足城市游客的旅游需求。目前农旅融合发展中存在同质性严重、产业链不完整、服务难达标和生态环境受威胁的问题，针对这些问题，政府要因地制宜科学规划、经营主体要走差异化路线、完善旅游产业链、多措施提升服务质量、鼓励大学生返乡创业和保持生态经济平衡等具体策略。

农旅融合是指农业与旅游业在各个环节融合互动，充分利用彼此的资源和市场机会，形成如农家乐、荷塘观赏采摘、农业庄园等各种新业态，促进农业产业结构的转型和升级，提高农业附加值，拉动乡村地区的发展。农旅融合不仅拉长了农业和旅游业的产业链，增加了产业边际收益，也可拉动农产品的加工和销售，实现了农村地区一产、二产和三产的融合。早在 2010 年，我国农业部与国家旅游局就签署了合作框架协议，共同推进休闲农业与乡村旅游建设，促进农旅融合发展。2014 年，中共中央办公厅、国务院办公厅又印发了《关于引导农村土地经营权有序流转发展农业适度规模经营的意见》，该政策推动了农业产业化发展，使农旅融合有了良好的发展基础。2017 年，党的十九大报告中首次提出实施乡村振兴战略，2018 年 1 月《中共中央国务院关于实施乡村振兴战略的意见》中指出要大力开发农业多种功能，实施休闲农业和乡村旅游精品工程，建设一批设施完备、功能多样的休闲观光园区、森林人家、康养基地、乡村民宿等，这无疑再次加快了农旅融合的步伐。但是目前我国各个地区资源禀赋差异较大，农旅融合发展程度参差不齐，如何既切合游客需求又符合各地具体情况来推进农旅融合发展已经成为一个亟待解决的问题。本节从旅游六要素"行、住、食、游、购、娱"出发，针对农旅融合模式提出自己的看法，并针对目前存在的问题提出相对应的策略，希望能为我国农旅融合实践提供参考。

一、基于旅游六要素来构建农旅融合发展模式的原因

旅游六要素体现了游客的需求。20 世纪末，正值我国旅游业的起步阶段，孙尚清主持出版的《中国旅游经济发展战略研究报告》中提出了"行、住、食、游、购、娱"六要素概念，该六要素比较清晰地反映了游客在旅游时的基本需求，一经提出便在全国范围得到广泛沿用，成为大家公认的架构旅游产业链的基本范式。农旅融合发展是依托农业资源来发展乡村旅游产业，使农业从第一产业向第三产业延伸。城市对乡村农产品和服务的需求是农业多功能性发挥的驱动因素，只有游客的需求得到满足，农民的收入才能得到提高。因此，基于代表游客需求的旅游六要素来挖掘当地农业的生产、观赏、娱乐等功能，寻找合适的农旅融合发展模式，才能既发挥农业的多功能性又使游客达到旅游休憩、放松身心的目的，延长其停留时间，提升其消费额，促进农旅融合的良性发展，实现乡村振兴。

传统旅游六要素更符合现阶段的乡村旅游实践。在 2015 年的全国旅游工作会议上，国家旅游局局长李金早提出新的旅游六要素"商、学、养、闲、情、奇"，尽管新的旅游六要素反映出了新时代游客更高层次的需求，但是传统旅游六要素更能体现出一个人基本的衣食住行等基本需求。按照马斯洛需求理论，一个人只有基本需求满足了才会产生更高的需求。目前我国的乡村旅游还处于发展阶段，乡村基础设施还没有完善，各经营主体的服务水平等还亟待提高，离成熟阶段还有比较大的距离。因此乡村地区的农旅融合应以传统的旅游六要素"行、住、食、游、购、娱"为指导，探寻适合本地农业特点的发展模式，完善旅游产业链体系，满足游客的基本的需求，增加农民的收益。

三、基于旅游六要素的农旅融合发展模式

旅游六要素"行、住、食、游、购、娱"可以解释为"交通""住宿""饮食""游览""购物"和"娱乐"，根据游客的这六大需求，发挥农业生产、生态、社会和美学等多种功能，农旅融合发展可以划分为以下六种模式。

乡村景观道路。交通方便是游客进村旅游的必备条件，可以增加游客出行的便利性和满意度，同时，基于农业风景的乡村风景道路的建设还可以使游客在"行"的过程中达到

"游玩"目的，增加游客的顾客体验。譬如云南腾冲县界头镇的油菜花道，每年的 2—3 月份，十几万亩油菜花竞相绽放，行走在界头镇的村道上，目光所到之处，处处都是让人心旷神怡的美景，每年都吸引了大批的游客前来观看，带动了当地零售、住宿、饮食、农家乐等各业态的经济增长，因此，乡村景观道路是农旅融合的一个重要模式。

乡村民宿客栈。要想增加游客在乡村的停留时间，乡村民宿客栈必不可少。乡村民宿客栈可以由农户的住房改造而成，其地理位置可与田园风光融为一体；装修风格和色彩可使用充满农业文化元素的建筑材料或者饰品，如用原木做栅栏，用斗笠、成串的玉米和辣椒灯做装饰品等，既可以彰显农业文化，又可以加重民宿客栈的乡土气息。通过这种形式，较好地将农业与旅游融为一体，让城市居民从紧凑的工作节奏中彻底放松下来，回归自然，返璞归真，满足城市居民对朴实的乡村生活的追求。

乡村农家饭店。饮食是游客旅游体验的重要组成部分，可以给顾客带来深刻的印象，增加顾客的回头率。乡村农家饭店的食材要选用当地新鲜的特色农产品，尽量保留本土烹饪文化的特点，由于乡村自然环境原始，小规模自给自足的种、养殖业所生产的食材既天然又健康，可以较好满足城市游客对农家饭"新鲜""绿色""朴实"的需求。

同时，本土化的食物如陕县十碗席、河南蒸面条、云南石锅鱼等还能较好体现地方特色与文化，可满足游客对乡村真实性的渴望。在法国，所有参与乡村旅游的农场所提供给游客的饮食都被要求采用农场自己生产的食材，用本土烹饪方法进行加工制作。这样就有效避免了乡村旅游的同质性问题。

农业观光旅游。农业观光旅游是农旅融合的重要模式，是指通过农业景观来满足游客的游览观光需求，让游客达到赏心悦目的目的。很多农作物都具有观赏价值，如梨花、桃花、荷花等植物在规模化种植后，可呈现出季节性的观赏美景，受到众多深居"城市水泥森林"的市民和摄影发烧友的追捧和热爱。农户等经营主体可以通过售卖观光门票来获得门票收益，政府也可以通过举办"桃花节""梨花节"等来增加当地的知名度，拉动当地土特产品的销售。在国外，有些农户还通过开发农场博物馆等来展示农场的历史，满足顾客对农业文化的认知需求，并获得博物馆门票收益。

旅游农产品。很多游客在出门旅游时都会购买当地特色商品送给亲朋好友，但是，工业化生产的旅游商品同质性强，不具备独特性，与此相比，有着强烈乡村地域特色和富含风俗文化的农副产品可以更好满足游客的需求。无论是初级农产品，如新鲜的红薯、鸡蛋等，还是加工后的农产品，如腊鸡、腊肠、蓝莓酱等，都可以作为旅游商品销售给乡村旅游顾客，满足其购物需求。在一些农业产业化基础较好的乡村地区，还可为当地农产品申请国家地理标志，打造特色农产品品牌，游客返回城市后，可通过商品包装上的二维码继续购买，实现让当地农产品持续销售的目的，建立起以网络为中介的农产品供应链，拉动当地农产品销售。

农业体验旅游。农业生产过程包括多个环节，譬如种植业包括春耕起垄、施肥播种、铲蹚除草、防病防虫和收获晾晒等，其中的每个环节对于整天面对电脑的办公族或者深居城市的居民来说都是既新鲜又富有乐趣的，都可以开发为农业体验旅游，如播种、插秧等体验型旅游，收获环节的采摘体验等。因为农业生产周期较长，还有很大开拓空间，其中最普遍的要属果园采摘活动如摘草莓、摘樱桃等，是典型的亲子型娱乐项目，受到很多以家庭为单位的游客的欢迎，农民既节省了采摘的劳动力支出，又满足了消费者的新奇感和成就感，提升了消费者的消费，增加了果园收入。同时，农民也可以基于农作物开发一些游戏活动，如来源于欧美的玉米地迷宫等，都可以让游客在农田享受到尽可能多的欢乐，增强游客的娱乐体验。目前畜牧业最典型的体验旅游是牧场体验活动，可让消费者体验挤奶、制作冰淇淋和黄油等牧场劳作环节，增加了消费者对牧场的信任，有利于牧场的宣传，同时也增加了牧场的收入。

四、农旅融合发展所面临的主要问题

同质性严重。目前我国草莓采摘、普通农家乐、荷花观赏等农旅融合项目非常普遍，为什么如此千篇一律的相似？一方面因为这些项目投资较少，行业壁垒较低，各经营主体容易进入；另一方面也是客观情况所限，因为普通农户知识水平较低，比较难创新，一般都是因循其所见所闻进行模仿，所以导致农旅融合项目同质性非常严重。这样发展下去，会出现非常不好的局面：首先，这些项目会失去新奇性，消费者的回头率会降低；其次，随着类似项目的增多，各经营主体会陷入恶性竞争，不能获得理想利润，因此同质性是未来最亟待解决的问题之一。

旅游产业链不够完整。我国乡村旅游仅仅处于发展阶段，很多地方的农旅融合项目才刚刚开始启动，并没有覆盖旅游六要素"行、住、食、游、购、娱"的各个方面，因为旅游产业链不够完整，导致农旅融合发展被限制。譬如一些乡村地区的玫瑰园仅仅有玫瑰观赏和品尝玫瑰饼两个环节，因为没有配套餐饮、住宿和娱乐等环节，游客在玫瑰园的停留时间可能仅仅是一个上午或下午，消费额非常有限，玫瑰园经营主体的收入未能实现大幅度的提高。

乡村服务难以达到城市游客需求。乡村服务不能达到城市游客需求主要体现在两个方面：一是服务硬件设施没有达到城市游客的标准，最为典型的就是厕所问题，城市居民往往有很好的卫生习惯，不能忍受厕所的异味和脏乱差，农村居民因为生活习惯的原因，在这个环节经常受到游客的投诉和抱怨；二是服务软件方面，城市居民信奉顾客就是上帝，希望能够获得体贴的服务和热情的招待，农村居民因为普通话不标准及个人文化素质原因，目前与城市游客需求有一定的距离。

乡村生态环境受到威胁。农旅融合发展不可避免地会带来生态环境方面的问题。因为农村青山绿水的保持一方面得益于工业稀少；另一方面得益于远离城市稠密的人口。农旅融合发展后游客的到来会给乡村的生态环境带来比较大的威胁，譬如游客垃圾的处理和乡村农产品加工业兴起后可能产生的污染问题等都是亟待重视和解决的问题。

五、农旅融合发展的策略

政府要因地制宜地进行科学规划。政府作为农旅融合发展的主要引导者。首先，要结合当地土地自然禀赋、当地文化风俗和市场竞争情况等因素，进行科学规划。其次，政府的发展规划要分区域进行，一方面有利于产业聚集效应的形成；另一方面也可以在当地避免同质化的出现。最后，政府要多出去学习、交流和考察，要保证规划的前瞻性，因为农业生产周期长，沉没成本高，要避免因为规划短时间变动，造成资源浪费。

经营主体要尽量走差异化路线。对农旅融合项目的经营主体来说，深入挖掘自身特色尤为重要。首先，要树立差异化的思想，旅游在于给游客创造新奇感，唯有此才是利润的源泉。其次，在农旅融合项目的选择上，要避免选择过于雷同的项目，要多看报纸、杂志和电视，为自己寻找灵感，譬如儿童动画片里有很多挖土豆的片段，经营主体可进一步思考自身条件和土地特点是否适合做类似的项目等。最后，如果已经经营了同质化较严重的项目如荷园，那么就要尽量挖掘自己与众不同的特色，譬如可引入藕粉加工、藕文化饰品、荷塘月色民宿等。

如果缺乏资金，也可以选择与外部经营主体如婚纱摄影店等进行合作，自己只提供场地，如此一来就可以让自己的荷园与众不同，增强自己项目的吸引力和成功率。

完善当地旅游产业链。前文根据旅游六要素提出了农旅融合发展的六种模式，这六种模式最好一起进行，因为只有这样才能满足游客"吃、住、行、游、购、娱"六大需求，构建完善的旅游产业链，实现一条龙的服务，拓宽游客的体验面，增加过夜游客的数量，拉长游客的停留时间，通过提升游客的消费额来带动当地经济发展。

多措施提升乡村服务质量。其一，政府要重视厕所工程，要根据游客数量来科学规划公共厕所等基础设施的建设和管理工作。其二，各经营主体要深入了解城市居民的生活习惯和特点，在提供的游览、餐饮和住宿等服务上，要尽可能满足城市游客的需求。其三，建议政府尽可能出台通俗易懂的、带插图的《乡村旅游服务手册》，内容最好要包括礼仪、烹饪、营养卫生、客房、保洁、导游解说等乡村旅游涉及的各个方面，通过为经营主体提供容易查阅和参考的学习资料，提高其服务水平和质量。

鼓励大学生返乡创业。大学生文化层次较高，富有青春活力，容易产生好的农旅融合项目创意，而且在城市的大学生活使他们更加了解城市人的需求，因此大学生返乡创业的优势很大，尤其是农业类专业的大学生会具有更高的成功率。同时，在现实生活中也可以发现，农旅融合层次较高的项目一般都不是传统农民做起来的，往往是出去工作几年积累了原始资本后返乡的大学生所发起的。因此出台相关如税收、土地、金融等各方面政策来支持大学生返乡创业，对提高乡村服务质量、增加本土农旅融合项目的竞争力都是非常有意义的。同时大学生创业也可以带动当地农户的就业，造福当地百姓。

保持生态经济平衡。农村美丽的自然风光对城市居民有着非常重要的吸引力，因此在发展经济时，要走旅游开发与环境保护并举、农业发展与生态建设并重的发展道路，只有这样才能保证农旅融合的可持续发展。首先，对涉及生态系统脆弱的地区要加强立法，制定地方性法规条例，避免工业企业、城镇污染向广大乡村的蔓延。其次，要加大对当地生态环境保护的宣传，提高游客和广大乡村居民保护环境的意识。最后，政府可以引进社会资本进入，加强污水处理、垃圾处理设施的建设，保持当地生态环境与经济发展之间的平衡。

第五节　旅游扶贫背景下的乡村旅游开发模式

旅游扶贫在脱贫攻坚工作中具有天然独特的优势，是旅游资源丰富地区农民脱贫的重要手段，是解决旅游资源富集但贫困地区的有效途径。因此，加快乡村旅游业的发展，既可以保护自然资源环境，建设生态文明，又有利于贫困地区农民摆脱贫困走向富裕。文章以旅游扶贫为背景，分析旅游扶贫的特征特色，提出人、自然和旅游三位一体的"立体化"乡村旅游模式及以政府为依托，科学制定乡村旅游扶贫规划，打造农业与旅游共同发展的"政府扶持，农旅互助"的旅游扶贫模式。基于上述分析指出以旅游扶贫为契机，发展招商引资；以旅游项目启动扶持为重点，推动造血式扶贫机制的形成；提高当地农民的参与意识和管理能力；将旅游扶贫计划纳入国家扶贫体系中等 4 个方面针对性对策建议。为寻找乡村旅游开发工作的具体对策以及布局旅游扶贫发展模式提供策略，且对今后的乡村旅游扶贫发挥着重要的理论意义，以期实现更多地区脱贫和旅游发展的双赢。

乡村旅游是近年来快速发展的一种新兴旅游模式，与乡村紧密相连，以其良好的社会、经济和生态功能成为现代社会人们回归自然和发展农村经济的一种重要内生力量。旅游扶贫是指在一些贫困但旅游资源丰富的地区，通过发展乡村旅游使当地农民摆脱贫困，走向富裕，且保障当地的政治、经济及文化和谐发展。扶贫办指出，2016 年我国农村贫困人口约为 7017 万，而中共中央国务院关于打赢脱贫攻坚战的决定（中发 [2015]34 号）明确提出，确保 2020 年我国农村贫困人口实现脱贫，贫困县全部摘帽，是全面建成小康社会最艰巨的任务。因此，旅游扶贫作为扶贫攻坚中的有效方式，研究切实有效的乡村旅游开发模式的显得极为重要。目前某些地区的乡村旅游发展模式良好，如甘肃省积极调整农业结构，以乡村旅游为主体，调动农民从土地中解放出来，不断拓展新农业，拓宽农村空间，实现农业升级，增加收入。另外，从经济角度出发，乡村旅游农户单位能源产出的经济效益（4.53 元 /kgce）相比传统农户提高 2.86 倍，且生态效益（0.11 元 /kgce）和社会效益（1.09元 /kgce）也显著提高。但全国各地的乡村旅游发展不平衡、差距大等现象普遍存在，因此，当前有必要在旅游扶贫的背景下，科学合理地规划乡村旅游模式，构建完善的乡村旅游体系，让乡村旅游带动当地相关产业发展，实现脱贫致富。

一、乡村旅游发展的基本概况

乡村旅游的发展模式。乡村旅游的重点是借助乡村独特的风土人情和未经开发的天然景观，以异于城市化的乡土文化为基础，整合农村的自然旅游资源加以开发，还原朴素的本色生态旅游，着重表现农村自然朴素而又亲近自然的新旅游模式。至今我国大部分省市的乡村地区均有不同程度的自然资源、文化资源旅游产业，其旅游收入在当地政府经济收入中占有很大比例。目前，乡村旅游的发展模式主要包括 3 种：①侧重于自然景观旅游的景区开发。依托当地乡村独特的自然风光和区位因素，当地政府投入资金进行合理开发和建设，将其转化为具有观赏或休闲娱乐价值的天然生态旅游景点，如我国北部沿山沿河乡村所开发的黄河游览区、黄山游览区等。②针对人文资源与历史背景区域的景区开发。某些历史悠久的乡镇乡村有丰富的历史人文资源，或发生过有转折意义的历史事件，或诞生过远近闻名的历史人物。政府通过宣扬当地精神文化来开发乡村旅游业，形成具有历史内涵和人文气息的旅游景点，如遵义的红色精神旅游胜地，韶山的毛主席故居等。③民俗风情旅游。依靠当地别具特色的民俗民情，通过宣传吸引国内外的游客前来体验。

乡村旅游发展存在的问题。从提出到推广，乡村旅游扶贫模式至今已初具规模，但其中存在着很多亟待解决的问题。首先，基础旅游设施不完善。如栾川县的道路狭窄，导致游客在行驶途中艰难。公共设施简陋，住宿条件差，难以留住游客。其次旅游项目单一，特色不突出，进而缺乏凝聚性，降低对游客的吸引力。甚至，有些乡村由于过度依靠乡村旅游业发展，对乡村进行不合理的效益型开发，导致在自然风景上过渡投入而忽视人文风情的表达，有的却在风土人情历史文化的宣传上大做文章，忽视基础旅游设施的建设，以至于该现象导致的"木桶效应"在很大程度上限制了乡村旅游业后期的发展完善。最后，旅游管理水平低，由于贫困地区的农民普遍文化素质较低，又缺乏旅游专业方面的培训，导致建成的旅游项目在管理上受到限制。

二、旅游扶贫开发的含义、特征及其原则

旅游扶贫的提出及实践。旅游扶贫是利用乡村独特自然特色和地理优势，开发乡村旅游业，刺激旅游经济缓解当地旅游财政收入的缺口。多年的实践证明，乡村旅游是一条帮助农民摆脱贫困，走向富裕的好途径。我国在 20 世纪 90 年代提出旅游扶贫理念，"十二五"期间，通过发展乡村旅游，带动了约 10% 的贫困人口脱贫。可见，乡村旅游和旅游扶贫工作关乎国家战略与民生。无论是在我国西北的草原地区，青海西藏的高原地区，还是西南的云南贵州等地，都大力开展旅游扶贫理念下的乡村旅游建设，建成了依靠地区独特的自然环境和封闭环境下的人文特色为一体的扶贫乡村旅游。2015 年国家旅游局携手国务院扶贫办共同宣布，到 2020 年在全国形成 15 万个乡村旅游特色村，300 万家乡村旅游经营户，乡村旅游年接待游客超过 20 亿人次，收入将超过 1 万亿元，受益农民 5000 万人，

预计带动约 1200 万贫困人口脱贫。2016 年全国减贫 1240 万人旅游扶贫覆盖 2.26 万个村。

旅游扶贫的特征。我国贫困地区分布范围广,呈现面状分布,很难通过对贫困点的经济投入来扭转这一趋势,因此贫困乡村必须找到内在经济源头来支撑本地的基础经济建设。旅游扶贫是在该复杂的大环境下孕育而生,正因为如此,旅游扶贫有它独有的特征:①政府主导。农村旅游项目建设是永久性的工程,一经投入使用即可长期存在并产生可观经济效益。许多成功案例表明,只有政府制定相关政策和法规,旅游扶持才能取得显著成功。②当地特色。以当地特色资源为依托,优化组合当地自然和人文资源。③持续性强,返贫率低。在旅游扶贫的背景下,发展可持续的乡村旅游,可实现当地农民彻底脱贫与地方经济持续增长的双赢。

旅游扶贫的原则。旅游扶贫以旅游建设带动区域经济发展为目的,通过综合可利用资源大力发展乡村旅游,实现贫困地区的脱贫致富,甚至经济跨越,但是旅游扶贫在实施过程中应遵循以下原则:力求经济投入轻量化,经济产出高产化,实现贫困地区落后状况改善后还能自给自足和谐发展;坚持旅游与地区资源高度利用,争取在乡村旅游建设中在本地取材,本地消耗;开发过程中对自然资源要做到合理化,绿色化及可持续化。

三、基于旅游扶贫的乡村旅游开发模式构建策略

"立体化"的乡村旅游模式。"立体化"模式是从乡村旅游项目构建初期至旅游项目投入运营,均采取"人—自然—旅游"三位一体的立体化开发思路,即人促进自然与旅游的结合,自然提供人和旅游建设的基础,旅游促进人与自然的和谐。"立体化"模式具有鲜明的特征,开发过程强调三者联动,其中任何环节出现问题都会影响开发进度及效果,强调旅游开发的整体性,保持人、自然和旅游关系的平衡,促进当地旅游开发的可持续发展。

"政府扶持,农旅互助"乡村旅游模式。2016 年 9 月 30 日,国家旅游局发布《关于实施旅游万企万村帮扶专项行动的通知》指出,5 年内帮助 100 万左右的贫困人口脱贫。帮扶、互动如贵州,贵州省历年来是我国扶贫的主战场,扶贫任务相当艰巨。对此政府下发了《中共贵州省委、贵州省人民政府关于坚决打赢扶贫攻坚战确保同步全面建成小康社会的决定》,其中都匀市墨冲镇通过"农旅互助"模式,以蔬菜产业园为核心,在良亩村已有的果林及河流资源的基础上,将良亩村改造成"上山有花看、下山有菜吃及水里游鱼虾"的生态农业旅游形态,真正做到了以农促旅,以旅兴农,有效地提高了当地农民的收入。

四、旅游扶贫背景下乡村旅游开发对策研究

以旅游扶贫为契机,促使招商引资工作的推进。乡村旅游既是当前也是未来旅游开发的中心和焦点。在我国旅游扶贫政策的推动下,乡村旅游的开发工作进入了崭新的阶段,迎来乡村旅游的黄金时期。旅游扶贫是贫困乡村发展的资源平台,但仅依靠理念无法给贫困乡村带来实质性的旅游项目,难以实现经济跨越。结合扶贫政策、开展招商引资,依靠

现有的旅游设施和经济基础，吸引大企业进驻当地，不仅能为当地注入流动资金，而且能加快当地旅游业基础设施的建设。

以旅游项目启动扶持为重点，推动造血式扶贫机制的形成。发展乡村旅游的目的是建造稳定的具有经济再生能力的旅游设施，形成自给自足的乡村旅游体制。在贫困乡村旅游建设的初期，经常出现资金投入不足的现象，这样的经济漏洞很难由地方政府全部承担，因此乡村旅游应以旅游项目启动为根本落脚点，将造血式扶贫机制下的旅游项目参与到经济造血中，成为扶贫机制的主体构成。为了更好地提高乡村旅游的造血能力，应引进大量旅游方面的专家学者前往一线，帮助扶贫，号召旅游相关专业的学生和志愿者相继参与，为贫困乡村旅游提供可持续的帮助。同时提升当地农民的自身能力，更好地推动造血式扶贫机制的形成、发展和完善。

提高当地农民的参与意识和管理能力。首先要调动当地农民对乡村旅游项目开发工作的积极性，使农民真正参与到旅游业的发展中，通过旅游技能培训，提高农民的旅游服务意识，将旅游工作与农民自身利益结合起来，增强其对乡村旅游的认识，理解参与的含义。其次，农民管理能力的提高可以更快更好地发展旅游，实现乡村旅游的可持续发展。

将旅游扶贫计划纳入整个国家扶贫体系中。旅游扶贫计划是近10几年来新兴的扶贫政策，逐渐在基础旅游建设计划中成为乡村旅游发展的指导思想。旅游扶贫是我国扶贫政策在乡村贫困地区的大胆尝试，并在一些地区已经取得不可忽视的成效。在当前阶段贫困地区的扶贫政策不能依靠一味地资金倾注，而应采取更生态更循环的旅游扶贫来解决贫困问题，因此对于贫困乡村的旅游扶贫计划应纳入整个国家扶贫体系当中，将乡村旅游扶贫作为城乡建设中不可分割的一部分。这样不仅有利于从宏观层面调节乡村旅游扶贫政策的运行姿态，而且在纳入国家扶贫体系后可以共享扶贫体系中的大量资源来推动乡村旅游建设更上一层楼。

在旅游扶贫背景下，以当地政府为依托，运用科学合理的扶贫政策，通过发展招商引资，以旅游项目启动为重点，结合贫困地区特有的自然风景及人文特色，带动当地农民积极参与，发展贫困地区独特的旅游模式，实现造血式扶贫机制。

第六节 高职旅游专业创新创业教育模式

经济新常态下，高职旅游管理专业创新创业教育，成为专业人才创新精神、创新能力以及创业意识与创业能力培养的关键途径，由于旅游行业对高职旅游专业人才培养提出了新的要求，高职旅游管理专业不得不改变传统人才培养方式，提出要构建科学的创新创业课程体系，旨在促进多方参与到人才培养机制中，实现师资队伍强化、搭建创新创业实战孵化基础等目标，为新常态下旅游专业创新人才培养提供保障。实现传统教育与创新创业教育的有机结合，是一项长远、系统化的教育工程，展开对业创新创业教育影响因素分析，能促进创新创业教育与高职旅游管理教育结合，激发与培养高职旅游管理专业学生创新创业素质与能力，提高创新创业教育的质量。

伴随着科技的不断发展，我国对人才综合能力与素养要求不断发生变化，在"大众创新、万众创业"战略下，高等教育事业正在着重加强人才的创新创业能力，以缓解当下大学生"就业难"的局势，培养学生的创新意识与创业能力，促进我国旅游业的发展，为旅游行业提供高素质、高能力以及高质量的人才，持续性激活旅游行业的发展动力。所以，经济新常态下高职旅游管理专业，要基于行业发展方向，重新构建创新创业教育体系，促进传统教育与创新创业的有机融合，为今后旅游行业发展输送具有较强创新创业能力的人才。

一、高职旅游管理专业创新创业教育影响因素调查

为分析经济新常态下高职旅游管理专业创新创业教育影响因素，笔者在校内一共发放了 165 份调查问题，集中在旅游管理专业中进行创新创业教育调查，一共回收了 165 份问卷，回收率 100%。问卷调查内容为现阶段学生创新创业意识以及课程学习情况，所有调查结果均采用 SPSS18.0 软件数据库进行处理，并针对教师与学生采用随机访谈的方式，询问师生对创新创业教育的看法，且为进一步探究旅游管理学生就业与创新情况，问卷调查与访谈还深入调查了学生行业就业的动机与创业方向等，并采用 T 检验的方式对数据进行检验和关联性分析。

二、高职旅游管理专业创新创业教育影响因素调查结果与分析

在创新创业教育调查中发现，34.23% 的学生对创业的欲望较为强烈，其中 67.54% 的学生认为创业比就业更具有发展前景，通过访谈发现学生认为目前就业形势比较严峻，开展创业不仅能自己当老板，且可以避开竞争激烈的岗位应聘，加之目前学校与政府都鼓励创业，创业前景比就业更好，因此学生十分热衷于创新创业学习。另外，还有 36.54% 的学生认为创业与就业一样难，因为多数大学生创业项目的都流产，能够成功创业的大学生并不多，所以他们对创新创业学习兴趣一般，但并不排斥。

可见，在高职旅游管理专业中，多数学生都不排斥创新创业课程，所以造成创新创业课程教学质量低下的原因到底是什么呢？通过与教师沟通和学生问卷调查数据统计发现，多数学生虽然不排斥创新创业教学，但创新创业课程气氛比较枯燥，教材与课堂知识过于片面，专业学习和实际创业出入较大，因此在课程中学习积极性不足。教师认为学生课堂中反应不明显，整个课堂中学生都比较被动，教学积极性被削弱。57.43% 的学生表示，影响创新创业教育的因素是教育方式以及教育范围；65.78% 的学生则认为，教师教学风格与教学内容对课程教学影响较大。

三、影响高职旅游管理专业创新创业教育的因素归纳

通过对师生调查后，笔者归纳与总结了影响高职旅游管理专业创新创业教育的四点因素。

课程与培养方案设置缺陷较大。在创新创业教育中，学校并不注重课程的设置，对就业指导课程比较重视，却忽略了创新创业课程，创新创业课程在整个课程体系中缺乏学科建设，人才培养方案中也局限在就业方向与职业生涯的教育中，缺乏创新创业人才培养方案，最终使得专业教育中缺乏创新创业教育内容，虽然有讲座以及相关社团的协助，但教育质量不高且教育作用并不明显，特别是实际案例与实训内容的缺失，阻碍了学生创新创业能力的培养。

受制于理论与背景。创新创业教育理念缺乏，学校管理者、家长、教师与学生的一致认可，由于学校管理者思想保守，在创新创业教育中将理论教学摆在首位，实训课程以及实践内容的设置匮乏，保守的教育思想影响了师生的创新创业态度与积极性，且受教育方式、家长的态度等也影响了创新创业教育。虽然在"大众创新、万众创业"战略部署中，高等教育事业中开展创新创业教育符合国家发展需求，但创新创业教育的影响以及作用在学校规划中并不明显，地方政府对高职旅游专业创新创业教育并不注重，没有发挥主导作用，未从地方旅游市场的发展规划高职旅游行业的创新创业教育，导致高职学校没有树立"专业要为大学生创新精神与创业能力服务"的意识，高职院校还是受以往思想与教育理念的限制，对创新创业教育重视不足。

师资不足。我国创新创业教育是近几年提出的新学科，不同于国外 20 世纪就开展的创新创业教育，我国严重缺乏旅游管理专业的创新创业教师，多数高职旅游管理专业教师都没有创业经历，在教育中普遍注重理论教学，没有将实践能力与经验融入教育体系，而"双师型教师"的培养还处于起步阶段，师资队伍的缺失限制了创新创业教育的发展。

缺乏创新创业教育环境。第一，目前就社会环境来看，中小企业的发展机遇并不多，多数中小型民办企业都在生存边缘挣扎。第二，由于房地产行业的兴起、银行贷款融资门槛高等现象存在，多数学生创业初期的收益微薄，一旦风险爆发多数创业项目就会失败，缺乏健康、安全的创新创业环境，即使学生对创新创业抱有良好的祈愿，但真正展开创业的学生少之又少。第三，创业风险是摆在教育面前的拦路虎，何况多数高职院校都缺乏专业的教育环境，没有配套的校内外实训基地以及信息平台等，相对地高职院校还缺乏财力支持，虽然近年来通过校企合作，高职校内外实训基地建设正在逐步完善，但创新创业实训基地不同于专业实训基地，能获得的企业财力与物力支持有限，高职学校难以为学生提供创新创业的教育环境，抑制了创新创业教育发展与改革。第四，高职院校没有将创新创业教育与校园文化结合，校内的创新创业教育氛围不足，校内环境中缺乏创新理念宣传，即使设有勤工俭学基地，但没有为学生提供实践创新平台，创新创业文化在校园文化中的

发展比较薄弱，难以为学生创新创业能力培养提供充足保障。

　　经济新常态下，高职旅游管理专业学生对创新创业教育普遍持有接受以及积极的态度，但受限于教育理念、课程以及背景、师资与环境，专业创新创业教育的质量不高，学校缺乏对创新创业教育的整体性规划，所以人才培养方案中，创新创业教育内容匮乏，加之校内外实训基地的缺失，抑制了专业创新创业教育的发展与学科建设。因此，高职旅游管理专业要积极突破教育理念与师资队伍的缺失，寻找促进创新创业教育发展的改革途径。

第三章　旅游规划设计的创新研究

第一节　旅游规划中的景观规划设计创新

　　景观设计是一项以空间设计为核心的工程技术，是旅游规划的重要组成部分。在一些新开发的景区规划中，旅游规划已融合于景观设计。本节介绍了旅游规划中景观设计的特点、原则及作用，提出了四川攀枝花市东区银江镇的阿蜀达花舞人间景区规划思路与景观设计对策，旨在为旅游规划中的景观建设提供依据与参考。

　　近年来，我国的旅游业正以一股迅猛的姿势发展起来，旅游业成为地方城市发展和塑造城市特色的一大抓手，也成为拉动经济的一大动力。城市在注重发展旅游的同时，也越来越注重景观规划在旅游中的作用，通过对资源、景观的统筹规划，才能使有限的资源得到最大限度的开发和利用。本节笔者就景观规划设计在旅游中的作用做简单的分析。

　　贝聿铭有言"对于一个城市来说，最重要的不是建筑，而是规划"。因为景观规划处于一个交叉领域，它与地区旅游发展的各个部分都有非常密切的关系，一环扣一环，环环相接，每一个部分都不能忽视，通过景观规划，可以将各部分合理、有机、系统的结合在一起，形成一个生态性的整体，只有合理科学的规划设计，才能让地区旅游发展取得最好的效果。

一、景观规划的特点

　　景观规划的本质就是要达到"天人合一"，它要求把环境设计与人的精神相结合，规划出更加符合本地区地方人文特色的旅游景点。景观设计并不是简单的视觉设计，它的设计涵盖面非常广，大到整个城市甚至跨城市规划，小到一个垃圾桶的设计，这都是景观设计需要注意的部分。它要求在满足人的多方面的需求的同时，达到物与人、物与景、人与景的和谐统一，实现人与自然和谐的目的，在突出城市特色的同时，满足人及自然的需要，是一门以空间技术为核心的工程技术。

　　旅游规划是以城市本身的自然、人文、地方特色为依托，以旅游者的需求为导向，对本区域旅游资源进行全方位的统筹和设计。

二、景观规划的原则

综合效益原则。整体布局的效果好，才能实现经济效益、自然环境保护的双重统一，所以，整体布局规划前，要考虑好景观所能带来的经济效益和产生的生态效益，最重要的是要注意避免对环境产生不良的影响，尽管有些不良的影响可以弥补，但有些无法逆转的恶性规划所产生的后果是无法弥补的。这就要求规划者在做整体布局规划的时候，一定要注意保护生态的平衡，要结合自然，合理地协调人与自然之间的关系，使规划体现出自然本来的生态美、城市人文景观的和谐美和融洽美。

整体优化原则。如果要达到理想中的综合效益，就一定得遵循整体优化原则，就是把整个规划区域作为一个系统。每个区域所能承载的游客数量都是不同的，都会有自己的承载限度，所以对于景观的规划设计，一定要严格地控制旅游区的游客数量和游客设施，要设计合理的游客容纳量，合理错开游客高峰期，从整体的高度上注重生态系统的稳定性。

三、景观规划的作用

对旅游区进行合理的景观规划设计有诸多的作用，从大的方面来讲，可以推动地区生物多样性的发展。现在很多城市都在发展旅游项目，合理的景观规划，可以推动我国城市绿化建设的发展。此外，对于当地居民生活环境、旅游环境等都会产生重要影响。

有助于城市形象的提升。合理的景观设计会提高城市的植被覆盖率，通过绿化植物的种植，可以净化城市的空气、提升城市的整体形象。如果规划者能够把城市的文化内涵融入旅游的景观规划中，将会对宣传城市文化起到良好的作用，并成为城市的形象标志。

有利于景区品质的提升。景观设计在对旅游地的植被、地形、原生建筑物等各项要素进行分析后，能够总结出有别于其他景区的独特魅力，在此基础上，将这种魅力大力提升，形成属于自己的独特地方特色，提高游客辨识度，激发游客兴趣，从而提升景区的品质，为景区的发展树立良好的口碑，增加对游客的吸引力。在提升景区景物质量的同时，还能够提高居民的幸福度以及生活满意指数，提升人民的生活品质。有利于提高居民的总体环保意识，督促人民保护好旅游景区的景观设置

有利于生态系统的完善。合理的景区规划设计可以充分地考虑到景区的生态系统，有利于完善生态系统，优化城市的绿化道路建设，通过多种方式建设一套连续性、可循环的生态系统，提高旅游景区自身生态循环的功能，有利于旅游景区的后续发展，造福子孙后代。

有利于环保意识的树立。环境一旦遭到破坏将很难恢复，在进行旅游区的规划设计的时候，需要将景观规划纳入到旅游规划的体系中，促进旅游区资源的循环发展，减少旅游开发对环境的破坏，促进旅游业的协调可持续发展。

四、实践案例

位于四川攀枝花市东区银江镇的阿蜀达花舞人间景区，是一个集阳光休闲、生态观光、山地游憩于一体的国家 AAAA 级旅游风景区。阿蜀达地区有着 600 多年的历史，背靠苍翠官山，拥抱天寿湖，环境十分优美秀丽。阿蜀达在景观规划中花费了很多心思，一方面，设计师在规划的时候考虑到周围环境的特色，种植了大片树木，构成一片森林氧吧，在不同的区域种植了不同的鲜花、水果，使得阿蜀达花舞人间风景区几乎月月有鲜花、季季有鲜果，构成一大旅游特色，吸引了很多游客前来。另一方面，阿蜀达地区多彝族，彝族的文化保存良好，设计师把这种民族文化融入旅游景观设计中，开辟了很多彝家壁画，吸引了很多热衷于此的游客。总体来说，阿蜀达花舞人间景区的景观规划设计在旅游设计中确实是一个很成功的案例。

将景观规划运用到旅游规划中，将自然与人结合起来，才能将旅游区规划的更加的合理，才能增加旅游区的吸引力，在提高经济效益的同时，促进环境的可循环发展，改善旅游区的生态环境，提升旅游区的影响力和竞争力。

第二节　旅游度假区景观规划设计创新

本节主要针对旅游度假区景观规划设计的相关问题进行探讨，对旅游度假区发展、现状以及存在的问题进行阐述，从而浅谈度假区景观规划设计的理念构成及景观环境的构成元素。

一、旅游度假区景观的兴起与发展

旅游度假区景观兴于公元初期，为满足阶级统治者的需求，建造了大量的娱乐休闲区域，在当时仅为少数统治者服务。随着时间的推移，越来越多的中产阶级也拥有了更多的财富，逐渐旅游度假区也开始为中产阶级服务，实现了大范围的普及。20 世纪 90 年代，我国大众休闲得到了进一步的普及，建立多个国家旅游度假区，从此旅游度假区的发展成为了旅游产品开发的主导。与此同时，十一黄金周、五一小长假的启动也为我国旅游度假区的兴起奠定了坚实的基础。直至 1996 年，旅游局推出的"旅游度假主题年"活动将我国旅游业发展推至顶峰，也使旅游度假成了旅游业市场主宰。

二、旅游度假区景观的现状问题

盲目和过度开发。在旅游度假区的开发过程中，最主要的介入点是房地产商，在其眼中利益是最主要的诱惑点，从而对度假区开发的环境质量缺乏足够的认知与关心。其次，度假区的不断兴起促使人们盲目的进行开发，这给度假区的经营和管理带来致命的危害。而在度假区的建设中，度假区城市化建设占主导地位，过度的开发、城市化都导致了度假区质量、品味的下降，环境污染、交通拥挤等成为度假区城市化的主要特征。政策与法治有待完善。针对度假区景观所存在的现状问题，我们应当把政策措施与法治措施相结合，从而进一步进行合理、有效的规划。首先对常住人口的数量进行限制，且有效的控制高层的建筑以及非旅游设施的开发建设。其次，在发展方面对旅游基础设施的建设、房地产的开发、度假区的经营以及管理这一环节中所出现的地价脱离实际、地产商趁机炒卖等现象进行严格的规范化执行政策，使旅游度假区的开发更具规范化、法律化。

三、旅游度假区景观规划的设计理念构成

注重文化的设计理念。"文化"是旅游度假区主要的特征之一，它不仅是旅游度假区的灵魂，更是度假区存在与发展的源泉，不仅体现度假区的特色，也成为吸引游客游览的主要渠道，因此很好地结合当地的特色文化，将其更好地运用到度假区的景观规划中尤为重要。如印尼巴厘岛的主要特色文化是巴黎传统习俗和社会习俗。各地的游客去巴厘岛度假的目的最主要是去领略其当地的文化特色。

注重生态的设计理念。在度假区的规划设计中生态的寻求与效果的寻求占据着重要的地位，生态思想的引入使得景观的设计理念有了重大的变化，在景观设计理念和方法中引入生态思想也极大地影响了景观的形象，生态学的合理应用和发展为旅游度假区的建设提供了理论依据。以景观生态学为主要研究原理从而进一步进行旅游度假区景观的生态规划以保障景观资源的永续利用。

注重功能全面化的理念。在旅游度假区景观的规划设计过程中功能是设计者所必须考虑的一个方面，然而当前功能的全面性考虑有一定的欠缺性。环境的舒适感以及周围环境的优越是商家以及设计者主要考虑的方面之一，而功能的全面化、多方面化往往是欠缺的。在功能方面人性化、生态化，这些多元化的设计理念是影响旅游度假区未来发展的主要模式。

注重个性的设计理念。个性的设计理念富含在文化的设计理念之下，以独特的文化内涵通过鲜明的个性设计形成在众多的旅游度假区中最为突出的特色是尤为重要的，与此同时，这种独特性不仅需要更需要符合各地旅游者的审美标准，还需能给旅游者带来愉快的体验。千篇一律的景观复制不是可持续发展的原则。

四、旅游度假区景观环境的构成元素

人文要素。度假区景观的构成中当地的环境以及人文文化的熏陶对其有着一定的影响，而人们对环境以及人与人之间关系的认识、人类生产力的发展过程中，强调可持续发展的人文关怀成为旅游度假区景观设计中重要的思想。在针对不同地区、不同的文化观念、

不同年代、不同职业的人们对度假区景观的环境各方面要求都各不相同。因此，在度假区景观的环境构成中景观环境的主题、立意、以及环境的历史沉淀和人文精神是该度假区主要的人文要素。

生态要素——以青州弥河旅游度假区为例。在景观规划设计中，"生态性"在度假区建设中有重要的价值体现，同时也是度假区景观设计重要组成部分。然而设计中的生物和非生物要素的设计原则在当今旅游度假区景观的规划设计中体现出了生态原则的重要性。在景观规划的生态要素中对生态原则的认知是其构成要素中最主要的一点。例如：山东省青州弥河镇的青州弥河文化旅游度假区，是国家级湿地公园。以"山水花乡、海岱雅乐"为主要的立意进行构思，将生态、自然、文化、水韵作为南北景观的主要贯穿线，呈现出一幅幸福生态园的和谐愿景。

功能多元化要素。旅游度假区的规划以及建设都需考虑交通设施的开发以及内部外部道路的规划，而该方面的设施规划为该度假区文化的传播、交流、住宅旅馆的开发、各地的游览、娱乐活动的开展提供了便利的条件和可能性，然而度假区的开发面积越大功能的考虑上也会变得复杂，基础设施的需求也会越多，对功能多元化的考虑也需更加具有全面性、丰富性。因此在对其进行规划的同时从多个方面进行规划，不局限于某个单项功能进行规划与研究，能够更好地形成功能的多元化。

在我国，度假、观光已经成为旅游业发展方向的主导，未来的旅游业产品的主流趋势将会靠近旅游度假项目，最终发展成为新时代的主体。因此，更好的规划以及设计旅游度假区是我们维持可持续发展需要解决的首要问题。

第三节　城市近郊生态休闲旅游度假区规划设计创新

随着市场经济的发展，旅游也逐渐转变为休闲、观光和度假的综合性服务行业。本节阐述了城市近郊环境内休闲旅游度假区的规划方法，通过生态环境、景观设计以及要素完善三个方面入手，再通过案例分析加以论述，旨在为相关工作人员提供理论性的参考意见，确保度假区设计的实用性和科学性，促进旅游事业的可持续性发展。

现阶段，旅游行业不断创新，为了满足大众对"世外桃源"的渴望，度假区也逐渐呈现出规模化的发展趋势。对于消费者来讲，度假区要具有观赏性、生态性和休闲性，综合自然环境、当地文化、资源条件以及区域位置等因素完善度假区的规划设计，确保资源的循环利用，尽可能降低成本，发挥度假区功能。

一、城市近郊生态休闲旅游度假区概述

顾名思义，城市近郊即是城市周边靠近郊区的地理环境，生态休闲是自然环境与休闲

娱乐并存的旅游环境，而度假区是在旅游过程中为人们提供综合性服务的住宿环境。传统度假区形式单一，产品功能主要为住宿，但随着市场经济与科学技术的发展，智能化设备代替了人工生产提高了工作效率，富裕的生活也允许人们更追求休闲和享受，因此推动了旅游产业的进步。度假区作为旅游产品之一，为满足游客需求也开始不断创新发展，综合性和实用性极强。优质的度假区应具备的条件有：其一，娱乐设施齐全，服务项目完善；其二，能满足游客的度假、休闲、娱乐及疗养需求；其三，周边需要有自然环境景观，比如将度假区设置在海边、湖边等。

二、城市近郊生态休闲旅游度假区景观设计

生态环境。一般来讲，近郊度假区本身是一个可以自我调节的生态系统，对游客的包容能力较强，所以设计度假区应将自然生态环境作为规划的基础。传统度假区的主要缺陷在于环境污染，运营过程中产生的污水、废气、垃圾、噪声等污染严重影响了水环境、大气环境、土壤环境和声环境，新型的生态休闲度假区要加以改进和完善，合理排放、净化环境、循环利用，为旅游者提供良好的旅游环境，还要为周边居民的正常生活提供保障。在构建生态环境时，要尽可能利用现有资源，既能节省成本开支，又能提升观赏价值，满足人与自然和谐共处的理念。

度假区设计时要考虑到项目所在地的环境承受力，通过局部到整体的开发维持生态平衡，使经济发展不以环境破坏为代价。为减少车辆尾气排放，度假区内可采用公共交通或步行的方法防止外来车辆进入，保护大气环境。为确保度假区的体验感，科学利用周边土地，要在区域的边缘区预留缓冲带，防止对周边环境造成负面影响。度假区内部平坦地区可用于土建施工，洼地可酌情设置人工湖，通过造景手段弥补自然环境的缺失，确保土地得到充分利用。度假景区应在保护自然环境不被破坏的前提下发展旅游区，确保"三废"得到循环利用。需要注意的是，度假区系统内部若存在环境污染问题将会直接影响到度假区的生态承受能力，所以应加强宏观调控，加强土地利用、保护自然环境、完善绿化设施，保持区域内部的生态平衡。

景观设计。景观设计要从当地文化和旅游主题入手，切合实际开发旅游产品，如海南度假区可以从海韵椰风入手，将文化与旅游相结合，确保客流量的持续增长。在景观设计前，应对项目所在地的地势地形、植被环境、建筑布局、文化内容等进行详细了解，以此为依据确保景观设计的合理性。综合来讲，景观设计应满足四种原则：

其一，以人为本。旅游产业应针对消费群体设计产品，所以度假区设计应以人为本，迎合大众心理，在建筑布局、风格设计、饮食居住服务、娱乐设施等方面都要满足游客所需，为游客提供优质的服务。以人为本的景观设计能起到品牌效应，通过好评反馈增加客流量，增长经济利润。

其二，明确主题。休闲度假区建设应满足主题要求，千篇一律的景观设计无法满足游

客的求异心理，也容易随之时间的推移而被社会淘汰，所以要追求独特，利用主题吸引消费者。如国内的博鳌度假区主题为互信、自由与合作；国外的南安塔利亚度假区主题为人文、生态与健康。

其三，可持续发展。景观设计要注意生态化资源的利用，如太阳能、风能等；还要利用本地植物营造良好的文化气氛，在建筑时应降低能源损耗，科学利用可再生资源并循环利用；还要保护物种多样性，促进人与自然和谐共处。

要素完善。首先，地形设计。平地相对视野宽阔，但坡地也能对气氛起到渲染的作用。不同地形作用也皆为不同，能使植被连绵起伏；能使建筑丰富生动；能使纪念物庄严肃穆；能使水景灵活别致。所以，设计人员应完善地形设计，在原有地形的基础上加以改造，优化空间布局，丰富景观内容。

其次，建筑设计。建筑设计主要分为度假酒店、度假别墅、展示厅、娱乐场馆等以及适当因地制宜的景观小品等，在设计时要结合当地文化，还要满足其功能需求。如展示厅建筑从外部参观应凸显文化特色；娱乐场馆要营造轻松愉快的气氛；度假酒店建筑要温馨雅致等。

再者，道路设计。道路分为外部交通和内部交通两种，外部交通主要采用陆路和水路两种，应结合实际情况选择科学的交通方式，若度假区位于小岛上方，水路则更为合适。内部交通形式多种，如普通车道、人行道、栈桥、缆车等，可根据内部实景设计道路。

最后，植物设计。植物设计分为规则型、自然型和抽象型。规则型的布局并然有序，对称分布，草坪植被都要协调工整；自然型主要以植物的自然生长规律为主，营造宁静、灵动、自由的田园氛围，一般植被还会配合水景，寻求乱中有序；抽象型是突出植被布局的艺术感和灵动性，构成的形状和内容并非实际存在。

三、城市近郊生态休闲旅游度假区案例分析

以福州贵安新天地温泉旅游度假区为例，其以生态休闲为主要建设理念，将度假区建造成为休闲娱乐、观光旅游、户外活动、餐饮购物等全功能的场所，是我国东南地区面积最大的综合性生态旅游城。该度假区可以实现全年龄人员全天候游玩，其中贵安水世界及欢乐世界，结合独特的自然地貌和主题乐园的运作模式，通过先进的科技手段和唯美的装饰方法，为人们构建良好的异域风情。

首先，生态设计。度假区主要利用的原有生态资源为温泉资源、水资源，在结构上更具艺术魅力，其中的绿植多采用当地原有植物，植被分布在商业区、居住区、道路两侧以及绿地中，主要为生产性植物。场地内部的雨水要通过边沟排放，污水将利用内部的生物降解池进行处理后循环利用，不可利用的污水直接排入到城市管网中集中处理。

其次，景观设计。度假区总占地三千多亩，蕴含深厚的文化底蕴，利用山水环境和清新的空气，被誉为"福州后花园，天然大氧吧"。景观设计可分为娱乐区、商务区、产业

区、购物区和居住区五种。娱乐区主要是花海拓展公园和国际大剧院剧院、贵安欢乐世界；商务区主要是会议酒店和高档宾馆；产业区主要是文化论坛中心、理疗馆以及度假产业等；购物区主要是购物广场；居住区主要是满足旅游和居住的度假公寓。

最后，要素完善。世纪金源奥特莱斯广场是文化传播的重要工具，并且外有福州百姓长廊，游客能直观领略到当地文化特色。另外创设国际创新中心基地，即电商、科技和医疗等多行业集合。

总而言之，度假区设计应注重其生态价值、休闲价值和观赏价值，通过明确项目背景和市场环境进行环境考察和规划，强化设计理念，发挥主体功能，通过功能分区为游客提供便利和快捷的服务，结合旅游路线和当地文化突出其特色。此外，度假区的设计还要从大众心理入手，确保满足游客的实际需求。

第四节　旅游小（城）镇创新规划设计创新

随着我国经济发展步入崭新的阶段，社会经济发展水平的不断提高，城镇面临诸多转型升级，包括产业发展转型，尤其是旅游业转型升级。旅游小（城）镇以长期保存下来的传统产业、特色建筑、风俗文化、绿水青山等资源为特色，旅游价值大大提升。在新型城镇化发展的大背景下，旅游小（城）镇通过集聚休闲产业、泛旅游产业，成为解决农民就业、生态环境保护、人居环境改善等问题，引领城镇发展、产城乡一体化的重要动力。

我国旅游小（城）镇的现状情况比较乐观，但是由于经验较少，认知不透彻等问题，旅游小（城）镇的规划设计面临很多难题。旅游小（城）镇上承城市、下接农村，小（城）镇发展良好必将带动周边城市、乡村共同进步，以其丰富的旅游资源及文化内涵，刺激经济繁荣发展。

一、旅游小（城）镇的基本概念

旅游小（城）镇是指依托具有开发价值的旅游资源，提供旅游服务与产品，以休闲产业、旅游业为支撑，聚集较大比例旅游人口的小（城）镇。旅游小（城）镇不是传统意义行政区域的概念，要将传统区域重新进行合理划分，打造吃、住、娱乐和购物一体化发展模式。旅游小（城）镇是具有区域优势、资源优势和产业集中优势的旅游综合体，发展中最重要的就是突出特色产业，主要是通过旅游刺激消费，实现产业聚人，由人兴文，引导旅游产业发展。

二、我国旅游小（城）镇发展现状

我国旅游小（城）镇经过多年发展建设，布局体系已经相对稳定。从在全国层面的布局来看，旅游小（城）镇主要集中在文化旅游资源较丰富的中部地区，总体呈现出东南密、西北疏的分布特征。利用自身丰富的文化景观旅游资源，达到了经济的繁荣发展，实现了产城乡一体化。

三、旅游小（城）镇基本类型分析

（一）以产业优势为主导的旅游小（城）镇

以一产为主导：城郊休闲观光类型。城郊休闲观光型小（城）镇以都市农业、休闲农业等农业休闲观光为主，面向群体为周末市场上的周边居民、企业员工。例如成都市龙泉驿区的山泉镇，是著名的水果之乡，游客在各种农家乐活动中赏农村美景，吃农村美食，体验农活乐趣。

以二产为主导：特色产业工艺类型。特色产业工艺是以在本地区甚至本国、国际上具有核心竞争力的产业，以"特"制胜，利用特有产业，打造可持续发展的特色小（城）镇，以特色小（城）镇为中心，辐射周边乡镇的产业集群，形成特色产业工艺型旅游小（城）镇。

以三产为主导：新兴产业类型、金融创新类型、时尚创意类型。利用高新尖技术产业，打造科技智能、集聚效应突出的旅游小（城）镇，围绕技术产业，成为独一无二的新兴产业集群。

二、以资源优势为主导的旅游小（城）镇

生态景观类型。以自身生态景观资源优势为载体，强调绿水青山就是金山银山，是生态化、休闲化的原生态人居型的小（城）镇。例如玫瑰小镇，种植了上千亩的玫瑰，四月花开、花开满夏，因其村子中的九个少数民族，便用九种颜色来表示，因此也称为"九色玫瑰小镇"。

历史文化类型。我国拥有悠久的历史文化，保留了众多的历史文化名城名镇名村。历史文化小（城）镇以保护为主、开发为辅，传承历史遗存、体现历史文化内涵，遵循历史脉络，例如山西平遥古城。

资源特产类型。以特色产品为主导，形成产业联动，带动地区发展，打造成为特色产品集散地和特色产品文化传播地的特色小镇。

三、以区位优势为主导的旅游小（城）镇

交通条件便利，是重要的交通枢纽或交通中转换乘点，因其靠近旅游目的地，易形成旅游集散地，开展旅游接待工作，其产业发展可以联动周边城镇发展，成为区域产业发展的重要节点。

四、旅游小（城）镇规划设计策略

绿色发展，文化铸魂。旅游小（城）镇一般地理环境独特，拥有丰富的生态景观资源。规划应以生态资源为基础，以地域文化为主线，在注重维护区域生态格局的完整性和连续性的前提下，注入文化元素，树立文化自信，展现文化内涵，创造可持续发展的旅游小（城）镇。

旅游小（城）镇打造应强调原生态的景观环境，对于人工环境的打造应反映当地的历史、特色和精神。以杭州余杭区梦想小镇为例，规划以田园风光、湿地景观为特色，充分展现江南水乡风貌。以"粮仓文化、太炎文化"为主题，利用余杭塘河畔丰富的人文资源，发展文化产业，将历史神韵融入城镇建设，优化旅游文化内涵，突出梦想小镇特色。

科学规划，合理布局。旅游小（城）镇规划应符合城镇总体规划，并与国民经济和社会发展、土地利用、环境保护等相关专业规划相衔接。规划应从实际出发，选择特色产业作为发展目标，合理配置空间资源，将旅游资源转化为经济发展动力，实现"产、城、人、景"深度融合。

旅游小（城）镇空间资源有限，用地布局应遵循节约用地、紧凑发展、功能协调和结构清晰的原则，保障城镇各项功能协调、安全和整体运行效率。以旅游产业功能为主导的特色小镇，应保持现有格局，尊重地域文化在当代的传承，完善各类设施建设，实现自然风光、空间结构和多元融合之美。

业态集聚，特色鲜明。旅游产业作为旅游小（城）镇发展核心，规划应明确旅游产业的发展要求和发展方向，按照因地制宜、特色鲜明的原则，突出旅游产品特色。因为旅游产业涵盖第一、二、三产等众多行业构成的产业群体，关联性极强。通过产业集聚形成较强的区域竞争优势，产业融合使旅游业态更加丰富，从而提高旅游小（城）镇吸引力。

以嘉兴市海盐县澉浦镇影视小镇为例，区域历史人文景观和自然景观丰富，众多人文墨客到此游览并留下大量诗文，吸引各地游客前来观光。规划以生态环境为基础，以影视产业为重点，将现代文化与传统海盐澉浦文化结合，开展影视拍摄、后期制作、产品营销、宣传等多个环节。通过深入挖掘吃、住、游、娱、购等旅游要素，加强影视、旅游、配套服务三者之间的联系和功能强化，向上下游延伸产业链，集聚形成完整产业集聚。

以人为本，智慧引领。旅游小（城）镇作为一个城市化的生活区域，城镇的主体是居民，需要城市基础设施和公共服务设施配套、城市智能管理等一系列结构的支撑。规划应注重完善旅游休闲配套、居住配套，健全公共服务设施体系，形成旅游小（城）镇基本城市化框架。旅游小（城）镇建设的根本目的是改善民生，规划应把人的发展放在首位，为百姓谋福利。通过改善居住环境，提高生活质量，使旅游小（城）镇的建设取得居民认同。

旅游小（城）镇应建立人工智能运营系统。智能公交系统全覆盖、动态公交运营系统及智能出行系统可为当地人群提供交通指引，实时路况反馈。旅游小（城）镇的 wifi 全覆盖、线上线下全时商业、医疗教育、社区服务等智慧民生系统的建设，实现智慧生活。

　　旅游小（城）镇是对新型城镇化的重要探索，通过对旅游小镇的开发建设可以有效加快农村经济转型，有利于自然生态环境保护和历史文化传承，对促进地方经济快速发展和城乡统筹发展具有重要意义。在新的发展格局下，旅游小（城）镇规划应以旅游产品设计为核心，培育特色产业，合理安排各类建设项目和资金，提升旅游小（城）镇的核心竞争力，实现其创新、集聚、融合、提升发展。

第五节　场所精神下的旅游小镇规划设计创新

　　基于场所精神下规划旅游小镇，可以提升旅游小镇的观光质量。基于此，本节阐述了场所精神在旅游小镇规划设计中的价值，同时，提出了基于场所精神下的旅游小镇规划设计，包括景观设计、民居设计等方法，将场所精神具体化，提升旅游小镇的规划设计质量。通过论述以上设计规划方法，来进一步将场所精神融入建筑设计中，提升我国旅游小镇的设计与建设水平，进而营造出一个舒适的空间场所。

　　旅游业的开发，为小镇的经济发展拓展了新的路径。而在旅游小镇规划设计中，需要以场所精神为指导，突出建筑、景观在精神上的内涵，强调环境对人的影响，进而深入挖掘小镇在历史、人文、生态等方面的优势，科学、合理的予以利用，投入到旅游业的发展与建设当中，打造有特色的旅游小镇，将其呈现给外地游客，提高旅游小镇的影响力和知名度。

一、场所精神在旅游小镇规划设计中的价值

　　场所精神是建筑设计领域的重要理念，在旅游业的规划设计中同样适用，在旅游景观中寻找地域特征，并将其突出、放大，形成自身的特殊，成为一种品牌和标志，才能凸显特色。在婺源、蓬莱、桐庐以及凤凰等全国知名的旅游小镇中，规划设计均是将围绕着地域文化、民族风情等内容，成为其他地区旅游小镇建设的借鉴。但是部分地区旅游小镇的开发，更多的是模仿其他小镇的模式，失去了自身的特色，不符合场所精神。除此之外，场所精神还关注于环境对人的影响，无论是建筑，还是自然风光，都应该具有一定的"人情味"，让人置身于场所当中，从中感受和体会其中蕴含的文化和精神，给人以归属感。而脱离了场所精神，环境也就失去了"活力"，影响游客在其中的体验。由此可见，在旅游小镇的规划设计中，场所精神具有重要的应用价值，能够为特色旅游小镇的建设提供正确的思路和方向。

二、基于场所精神下的旅游小镇规划设计

以场所精神为指导，结合地区的历史、文化、民俗，将区域特色融入导旅游小镇的规划设计中，以湖北省为例，探讨基于场所精神下的旅游小镇的规划与设计。

景观设计。在旅游小镇的景观设计中，基于场所精神，突出景观的特色，提高游客对其的认知度，能够吸引游客的目光，并使其逐渐融入环境当中，从中收获特别的体验。大冶市的铜绿山青铜小镇，是以大冶铜绿山古铜矿遗址作为"名片"，在景观建设中，突出青铜和古建特色，充分利用特色民俗工艺文化，融入建筑、景观当中，向游客展示出大冶市的历史、文化。游客在观赏雕塑工艺、手工艺品的同时，还有机会向民间工艺美术家学习，亲自参与到木刻石雕、刺绣印染、陶瓷烧雕当中，近距离感受大冶市的文化意蕴。该过程中，青铜小镇能够给予游客强烈、深刻的印象，充分体现出小镇的特色，能够进一步提高其影响力和知名度，对于传统文化的弘扬与传播也有着十分重要的意义。与此同时，青铜小镇的规范建设中，部分景观是建立在废弃的工矿用地之上，打造美轮美奂、别具特色的景观，同时达到生态修复的重要作用，极大地改善了当地的水环境污染。山体破坏以及土壤重金属污染等情况，是生态小镇的典型代表。

在十堰市郧西县的旅游小镇规划建设中，则是以"七夕文化"作为特色，以七夕传说故事为背景，建设七夕文化景观，传唱七夕民歌，编排文化舞台剧，以文化旅游节的形式展示给游客，甚至在美食、绣品当中，都蕴含着"七夕的元素"。建设有"牛郎庄""织女坊"，游客在游览的过程中，能够置身于美好、浪漫的传说故事故事中，能够吸引更多憧憬美好爱情的游客同时也凸显了郧西县旅游小镇的特色，成为当地重要的旅游品牌，提高其知名度和影响力。

民居设计。民居设计是旅游小镇规划设计中的重要内容，需要为游客提供良好休闲场所，使其旅游的过程中，获得舒适、舒心的体验。目前正在开工建设中的黄梅菩提文旅小镇，是以"禅文化"作为"名片"，以五祖寺景区为基础进行景观设计，建设菩提精舍、禅居客栈以及百家禅乐馆舍，将"禅文化"充分融入其中，游客能够从中体验禅修、禅学、禅艺，是一个度假、养生的良好的场所。基于场所精神进行民居设计，着重强调人与自然相适共生。将黄梅的地域文化与民居建筑紧密结合起来。游客在休闲、养生的过程中，能够学习"禅文化"，了解禅宗的发展历史。在菩提精舍、禅居客栈等民居的设计中，极大地减少了现代元素，更多地融入了"禅"的元素，游客在居住的同时可以从中感受"一花一世界、一叶一菩提"以及"本来无一物"的意境。

综上所述，场所精神并不是简单的概念，它存在于整个环境规划设计中，推动规划设计前进。在此基础上，旅游小镇的景观设计中，基于场所精神，突出景观的特色，提高游客对其的认知度，能够吸引游客的目光，并使其逐渐融入环境当中；同时，在旅游小镇民居设计规划过程中，通过采用传统元素，降低现代化设施，并结合传统的空间设计理念，

能够营造出一个具有古风的意境。因此，在环境规划过程中，融入场所精神，可以提升场所的可读性，使游客流连忘返。

第六节 地域文化与乡村旅游景观规划设计创新

随着乡村建设的不断推进，人们对生活质量也有了更高的要求，景观设计成为当前乡村建设的主要方式。地域文化是一个地方长期发展积淀的精神文明产物，由于地理位置、历史原因等的不同于其他地域的文化形式有很大的差异性，具有十分鲜明的地域特色。研究地域文化在乡村旅游景观规划设计中的运用，对乡村旅游建设具有十分重要的现实意义。基于此，本节通过阐述地域文化在乡村景观规划设计中的重要意义，结合实际分析乡村旅游景观设计中存在问题，提出地域文化在乡村景观设计中的运用策略。希望能为相关工作人员提供借鉴和帮助，共同促进乡村旅游建设，发挥地域文化的最大作用。

在当前经济背景下，人们越来越注重精神文化建设，选择出门旅行的人越来越多，绿色原生态的乡村旅游受到众多人士的追捧和喜爱，已经成为人们出门旅游的主要选择之一，为我国旅游事业的发展打下了良好的基础，有效促进了我国经济的快速增长。虽然乡村旅游近些年来已经取得了许多的突破性进展，但是在实际发展中还是存在着许多的问题，已经严重影响乡村旅游景观设计的发展，成为乡村旅游的一大瓶颈。因此，必须针对当前存在的问题进行合理的解决，才能真正使乡村旅游获得最优化的发展。

一、地域文化在乡村景观规划设计中的重要意义

中国具有几千年的传统文化，包含了众多的民俗风情和地域特色，在此基础上，使得乡村旅游建设发展的越来越壮大。在乡村旅游实际发展中如果能将传统文化与旅游建设相结合，将在一定程度上促进乡村旅游的发展，也是使乡村旅游建设更加符合时代要求的重要方式。这不仅是人们对于精神文化追求的一种内心需求，也是促进乡村经济建设的一种全新突破，也能有效促进经济增长，利于文化传承。然而，虽然近些年来乡村旅游受到了很多人的喜爱，也有效实现了较大的发展，但是在实际建设中还存在着建设不完善的问题，对乡村旅游的发展产生了一定的阻碍。例如，没有结合当地实际盲目效仿，没有尊重自然、破坏生态环境等。乡村文化是乡村旅游的精髓，乡村文化旅游的灵魂是乡村所独有的地域文化，如果没有地域文化，乡村旅游将失去升级和活力。尊重和传承地域文化对乡村旅游景观建设具有重要的作用，只有将地域文化与景观建设相结合，才能够在保持传统文化魅力的基础上，促进乡村旅游的长远发展，为此相关旅游建设工作人员应该共同努力，致力于乡村旅游景观设计的创新研究中，研究出最为适合的发展方式，进而实现经济与文化共存的发展模式。

二、乡村旅游景观设计中存在的问题

形式单一、没有乡村特色。当前我国的乡村旅游建设发展形势良好，越来越多的人选择乡村旅游，不仅可以洗涤心灵、回归自然，还可以带来内心的宁静。虽然乡村旅游建设已经取得了很多的进步，但是在实际发展中还是存在着形式单一的问题，没有结合时代发展为其增添更多的发展元素，还停留在传统的设计层面，缺乏必要的创新，没有充分体现乡村独有的田园本质，无法体现乡村旅游的特色。比如，近些年的农家乐，在开始时很多人纷纷选择前往体验，但是在发展了一段时间之后，农家乐发展的越来越多，让人们觉得失去了新鲜感和田园特色，形式过于单一，没有任何创新特色，使人感觉越来越乏味，农家乐也由此出现发展瓶颈。

偏离文化意蕴，严重破坏生态环境。在乡村旅游景观建设中，乡村建设一味追求经济效益，没有结合乡村发展实际，而是用城市景观设计的发展来进行乡村景观设计，严重偏离乡村文化建设意蕴，只是反复推倒重新建立，在一定程度上造成了设计成本的增加，并且没有充分考虑乡村建设的实际需求，效仿城市建设高楼和广场，使乡村建设结构出现严重的混乱，没有任何乡村风情，忽视了对当地传统文化的传承和保护，乡村的文化意蕴随之出现转变。一味模仿城市建筑，使得乡村生态环境遭受严重破坏，空气受到一定程度的污染，失去了自然、纯粹的田园特色。

结构分布不均衡，无法整体发展。在进行乡村建设时，乡村旅游往往只是以乡村的形式进行独立发展，相对来说还存在结构分布均衡的缺陷，乡村建设还处于缓慢的探索阶段。游客的选择范围相对比较狭窄，只能在一定的区域内进行活动，严重影响了乡村旅游的发展。并且游客进入景区游玩的时间也比较受限制，只能选择在工作以外的业余时间，为乡村旅游建设创造更好的发展途径产生了消极的影响，各景区之间无法形成整合，不能共同发展进步，造成乡村旅游建设相对比较落后。为了改善这种情况，促进乡村旅游的发展，必须采取针对性的措施进行解决。

三、地域文化在乡村旅游景观规划设计中的运用措施

发展地域特色、尊重自然生态。乡村旅游是在乡村特色基础上发展起来的创新旅游形式，对于乡村景观来说，最为重要的就是保持原有的地域特色，以此为基础进行更高层次的发展，形成全面的旅游景观模式，对于目前的乡村景观建设具有十分重要的指导作用。在实际发展过程中，应该保持和尊重原有的生态环境，充分继承当地的地域、建筑特色，对乡村特有的文化特色进行传承，充分展现乡村景观设计的核心元素，从而实现原生态的文化景观特点，使原生态成为乡村旅游的标志。例如：在福州市新农村"幸福家园工程"示范村永泰县富泉乡芭蕉村规划建设中，将村庄菜地统一由合作社管理，设计创意开心农场。菜地分租给游客，为都市农夫提供种植采摘体验场地。平时由村庄合作社代为管理，

挖掘文化、保持传统精神。每个地域由于发展情况和历史传承的不同，都会有不同的地域特色，这些都是乡村旅游发展的重要资源，不仅能够充分体现地域人文情怀，还能够在一定程度上展现每个时代的不同精神。在进行乡村景观设计时可以利用地方民风民俗来深挖独特的生活特色，利用历史与现代相结合的方式对文化遗产进行真实的还原，将田园景观和饮食文化作为乡村旅游发展的关键，将其作为重点开发的资源，形成具有地域特色的独特文化。随着社会的不断发展，人们的精神层次追求也在发生着变化，在具体设计中一定要充分考虑现实实际，必须进行走访和调查，充分了解人们的内心需求，在尊重传统文化的基础上，进行切实的建设，提高旅游的品质。

创新设计、体现时代特色。地域文化在乡村景观中的设计应该充分掌握当地文化特色，发挥地域的独特性，在原有形势下根据地域独特性进行创新形式的艺术设计。简单来说，就是对地域文化进行创新研究，并科学进行运用，体现更多的时代特色。以开采煤矿为主的猴硐村，在出现煤矿资源不足以后，及时调整发展战略，引进了以猫为主题的旅游体验，将猫元素充分体现在该村庄的每个角落，并在原有的人文特色基础上，发展煤矿文化，充分展现了具有该地特色的文化属性。猫的主题吸引了更多的人选择此地进行旅游，并在一定程度上带动了相关具有猫主题产品的销售，为这个村落带来了新的发展商机。所以，在乡村建设中，可以将传统文化与新兴文化进行融合和创新，设计具有乡村主题的文化体验，带动旅游行业的发展。

综上所述，乡村旅游已经成为当前人们旅游出行的重要选择，对当地文化传承具有重要的作用。要想实现乡村旅游建设的长足发展，一定要加强景观设计的运用研究。在具体的运用中，应该发展地域特色、尊重自然生态、挖掘文化、保持传统精神、创新设计、体现时代特色，使乡村旅游发展充分满足人们的内心需求，获得更高层次的发展，保持原有的地域特色，设计具有地域特色的别致景观。

第七节　乡村旅游规划的绿道规划设计创新

乡村旅游规划是融合了园林、景观、规划、设计等多学科共同结合产生的一门重要课题，其长期、系统、稳定的发展离不开绿地网的规划设计。文章主要论述了绿道设计的理念，通过对绿道设计和乡村旅游及其之间的关联性进行分析，浅析了古田县绿道网设计的策略及其对乡村旅游的发展产生的影响与存在的问题，以期望绿道设计在乡村旅游规划中得到更好地运用和作用，从而实现土地的可持续利用。

一、绿道设计概述

绿道的概念。绿道是景观设计中外部空间打造的一个概念，绿道将零散的绿色空间联系起来，从而形成一个体系。同时也具有保护、隔离等生态价值。绿道是为可持续土地利用而规划或设计的土地网络类型，包括生态、娱乐、文化和审美内容。是一种线形的绿色开敞空间，通常沿着河岸、山谷、山脊等自然走道，或是沿着诸如休闲娱乐活动的废弃铁路线、河沟、光景路线等人造走道而设立的，里面包含可允许行人和骑车者进去的天然景观路线和人造景观路线。它将园林花园、天然保护区、光景名胜区、历史古迹等联系在一起，形成一个巨大的循环系统。

绿道设计的特点。绿道最早源于 1867 年 Frrederick Law Olmsted 所完成的特别有名的波士顿公园系统设计规划。国外的绿道发展主要经历了三个阶段，分别是以生态、景观和休闲为主要功能的绿道以及多目标的绿道。而我国关于绿道的最初研究要追溯到 1985 年在《世界建筑》第二期上登载的由伊藤造园事务所规划设计的冈山市西川绿道园区的介绍。随后一共经历了四个阶段。其中以广东珠三角的规划推广最有典型意义。根据国内外绿道的发展历程，可将绿道建设特点归纳如下：

绿道具有可持续性，是天然保护和经济社会发展的均衡，连接是其最主要的特点，可以将零散的空间结点串联起来，形成一个完整的线形空间系统。

绿道也具备了多功能性的特点，包含了生态、文明、社会和审美的功能。可减缓热岛效应，改进和完善人们居住环境的质量。

绿道除了配置游玩小径、休息亭台、零卖站点和简单的餐饮服务等必须需要的装置外，还可以在绿道的周围联合旅游业的发展情况，建设酒家、休闲度假村庄、运动文化场等设施，扩增内需，促进经济稳步增进。

绿道的建设一般是不需要占用建设用地指标，斥资比较少、生效较快。

二、绿道设计与乡村旅游规划的关系

近几年随着城镇化的快速发展以及新农村和美丽乡村建设的深入，带动了乡村旅游的发展，当然也随之带来了一系列的问题。在快速的乡村旅游规划进程中，促进了农村的基础配套设施、公共服务设施以及村容村貌改善的同时，所带来的环境污染问题、自然生态遭破坏问题、地域风貌散失特色零散问题等日益严峻。而绿道设计所具有的有线性、连接持续性、多中层次体系特点，以及其所具备的生态、游憩及社会文化的三大功能特点和要求同乡村旅游规划中构建和谐的自然人文环境，改善村民的休闲生活品质，打造美丽新农村的理念是一致的。乡村旅游规划不仅包含旅游线路的规划和乡村基础设施等的规划，它还包括对产业结构的整合优化以及绿地系统的规划等。而重视绿道的设计不仅能节省大量后期养护的支出费用，且不同类别的绿道设计为推动乡村旅游规划的发展以及防污、治污、防洪等各方面具有显著的作用。

绿道设计对乡村旅游规划的影响从环境角度分析，绿道的设计可以将原始残缺的空间和天然绿茵连接起来形成一个整体，从而高效地重新组合了原始生态系统。这从另一个角度实现了乡村旅游规划中要求的进行村落环境整治，改善乡村生态环境的目标，为防止水土流失、净化水质、吸尘降噪等产生了巨大的效果。从社会角度分析，通过绿道设计，使居民生活融入自然景观里，有效缓解了乡村旅游规划中沿河、沿道路等休闲活动场地及公共服务设施硬化过度，公园缺乏绿地所带来的矛盾。同时，绿道作为线形空间的有效连接载体，可以将乡村旅游规划中零散的景观结点、特色的乡村风情以及地方风土人情等进行有机地串联，通过绿道设计来表现主题，提升建设的品位以及对村落历史文化的保护，增强景区整体、有序的表达。从社会经济角度分析，乡村旅游规划旨在通过对乡村产业规划建设，促进人口集聚和中心村落的建设，同时为乡村经济发展带来效益。而进行绿道设计，不仅可以帮助产业相互之间联系度的升级，还可以使得产业的规模得到扩展变大，使产品的知名度得到提高，进而促进客流量的增长。

绿道对重组区域性的生态系统，弥补城乡地带集中性绿地不足，为游憩性活动、旅游活动等提供便利的场所具有重要意义。因此，绿色的设计是促进城乡土地可持续发展，解决乡村旅游规划中各种矛盾的重要规划设计举措和部分。

三、古田县绿道网设计策略浅析

古田县绿道网设计规划策略特点。古田县结合县城空间的布局、地形地貌景观、原始生态资源与乡土文化资源的特征，在此分类标准下，其绿道设计分为环湖休闲型、滨江生态型、历史文化型、山林野趣型、都市田园型五种类型。

环湖休闲绿道。环湖休闲型绿道主要环绕大型湖体（翠屏湖）布置，通过堤岸、栈道、滨水慢行道建立的，为居民提供休闲观赏场所的绿道。主要分布在翠屏湖周边地区，包括市级 4 号环翠屏湖段绿道，市级 3 号环翠屏湖段绿道以及古县县级 1 号绿道。慢行设施的建设不仅满足了自行车道与步行道分开设置的要求，同时在满足安全条件的前提下，步行栈道还贴近水面，达到近水、亲水的良好成效。

滨江生态绿道。滨江生态型绿道主要沿闽江、水口水库布置，主要分布在水口水库库区，包括省级 3 号古田段绿道，市级 3 号连接线绿道以及县级 3 号绿道。设计修建过程中将单车车道结合滨河路设置，徒步步道与单车车道分开布置，空间结构布局巧妙灵活，运用了水上栈道、草地小园路和借用滨水徒步步道等三种方式。通过绿道的串联功能，进一步整合滨江资源，提升了库区滨江一线的生态功能、人文价值和经济效益。

历史文化绿道。历史文化型绿道主要沿历史文化乡镇、村庄等人文节点布置，打造出宗教朝圣、文化体验的绿廊，凸显了东部浓厚的历史文化。主要分布在古田县的东部地区，包括市级 4 号绿道以及县级 4 号绿道。通过设置综合慢行道，实现了与历史文化老区内部较为拥挤的道路交通状况相适应的统一格局，采用安全标记、提示灯、缓冲带等设施来增强绿道安全通行的目标。

山林野趣绿道。山林野趣型绿道是以五华山风景区、凤都原始森林等山林景观为主要节点，主要分布在古田县的凤都镇山区，包括县级 2 号绿道。在具有广阔视野、拥有优质借景条件的地段通过配置外出挑的徒步栈道、休息亭台，实现了高山远足、登高望远的健身、观景目标。凸显了山林特色景观，丰富了乡村旅游规划中生态养生、野外徒步旅行和探险等娱乐项目。

都市田园绿道。都市田园型绿道是主要依托中心城区景观道路，主要分布在古田县的城东街道和城西街道，包括市级 3 号绿道。线路的选择上面采取了与道路网平行态度和原则，徒步步道采取同单车车道相结合的措施进行综合地布置和在两旁以带状绿地内侧的独立游行步道这两种方式，完善了自行车换乘系统。加强了古田县乡村旅游规划中村落间的生态联系、满足了居民游客郊野休闲需求的目的。

在乡村原来线形绿色网络的基础上进行绿道设计，缓解因为自然空间的破碎化所带来的负面影响，同时发挥了涵养水源、净化空气、降低噪声的效果。

古田县绿道设计中存在的问题：长距离借用公路，无法提供绿色的慢行空间。进行绿道设计的目的是利用绿道的有线性和连续性的特征，将重要的人文景观和自然景观等进行有机地串联，在保证绿道慢行系统路线相互连通的同时能够与各交通网络维持边界的联系。但是不乏某些村落在对绿道的选线理解上存在的偏差，以为要实现乡村旅游规划，规避大规模的挖掘和建设的目标，采用绿道与公路道路相结合的方法，以达到绿道贯通的目的。此方法虽然便捷高效，但是在长距离的范围内不能为行人提供一个良好的绿色慢行空间，这不仅与绿道设计的初衷相违背，也不符合乡村旅游规划中所要求的改善居民生活品质。

不规划廊道，无法体现生态功能。例如古田县嵩溪村的绿道建设就存在着对绿道设计的误解，沿河规划只进行了道路的硬化处理，忽视了绿色廊道的规划，这样就无法为居民和游客提供更多贴近自然的活动空间场所，无法对生态过渡带、节点和廊道起到保护的作用，同时未能够使得乡村旅游规划中的生态功能要求得到充分的体现和展示。

缺乏配套设施，无法满足居民游客的使用要求。古田县绿道设计存在一个问题就是在对绿道进行设计时忽视了配套设施的建设，很多村落存在只进行车道的硬化建设或者只进行慢行道的规划，从而导致相应的配套服务设施严重匮乏，没办法满足游客、居民便捷有效的使用，即这样的绿道根本无法进行正常地使用。

过于人工化，缺乏可持续性。个别村庄在对绿道进行建设的时候，没有充分地考虑和结合村落各自的地形地貌、水流等自然资源的特征，采取大挖大填的方式，严重破坏了自然植被，从而也导致了绿道设计过于生硬，过于人工化，不自然，破坏了乡村旅游规划的可持续性要求，同时也与绿道设计的生态性目标背道而驰。

四、对绿道设计的思考

绿道设计是统筹城乡发展、打造宜居环境的重要内容，是提升城市化质量的高效路径，同时还是促进消费的创新手段。绿道设计是景观设计和景观生态学中的一个重要表现形式，而景观设计和景观生态学又涵盖了乡村旅游规划中的大部分内容。通过对绿道设计与乡村旅游规划间的关系进行梳理以及对古田县绿道设计的策略特点进行浅析，可以发现绿道设计形成网络体系之后，它将娱乐、休憩、观光、度假等多种功能融为一个整体，是促进城市、区域以及村落之间网络生态系统的重要内容，它是保护自然生态、改善民生、促进经济发展的有效载体。

　　但是在乡村旅游规划快速发展进程中呈现出对绿道的设计理解上存在的误解和偏差，导致无法提供绿色慢行空间、无法满足游客居民的使用要求、缺乏生态功能和绿道设计的过度人工化等问题也是不容忽视的。只有有效地利用绿道有线性、连接性、多功能性和层次性等特点，才能实现乡村旅游规划所要求的可持续性、生态性等目标。绿道设计与乡村旅游规划是两个不同但是又交叉的概念，只有对绿道的合理设计和运用，与乡村旅游规划相互作用、相互影响、相互借鉴，才能使乡村旅游规划朝着科学化、人性化、艺术化方向更加长久、稳定、系统的发展。

第八节　旅游型乡村的微气候适应性创新规划设计

　　在对旅游型乡村规划的研究中，以安徽省宣城市狸桥镇为实例，从农村生产活动与微气候、乡村旅游与微气候两个方面对基地进行调研。受该区域微气候的制约因素，应因地制宜地对乡村整体规划、绿植、水体及建筑布局等方面进行改善，充分发挥旅游资源在乡村建设中的优势。

　　之前，我国的城市发展大多是以牺牲周边村镇的利益为代价的，城镇化建设中的问题尤为突出。随着旅游业的发展，乡村旅游这种返璞归真的旅游方式开始兴起，"慢城""美好乡村"这些理念纷纷被提出并进行规划。在国家大力推广乡村旅游的背景下，良好的环境是一切发展的前提。本节通过对实际案例的研究，探寻旅游型乡村的绿色设计手法，希望对现代乡村建设及改善有借鉴意义。

一、微气候与乡村

　　"微气候"也被称为"小气候"，主要研究一个区域内的气候状态，属于生物气候学范畴。Landsburg认为，微气候是指地面边界层部分，其温度和湿度受地面植被、土壤和地形影响。乡村微气候优化主要表现在对居住区域的合理规划和对自然区域的科学开发，乡村旅游具有乡土性、知识性、参与性、高效益性和满足人们回归自然的需求性等特点。解决村镇的微气候适宜性问题，不仅是对传统居民适宜性环境的延续，有丰富的生态意义；更是一种引导和借鉴，帮助更多村镇珍惜独有的生态、文化资源，指出绿色低碳的发展道路。

二、狸桥镇旅游型乡村实例研究

（一）区域概况

基地位于狸桥镇东云村范围内，地处苏皖交界处，属于安徽省东南天目山余脉长江三角洲冲积平原结合部，是宣城的东北门户，北与南京高淳接壤。项目占地 550 亩，规划范围包括狸桥镇的部分村落、水塘，主要以未开发的山体和种植地为主。基地属于典型的温带季风气候，地处低山丘陵区，南北两翼是风景秀丽的南漪湖和固城湖。

生态旅游是狸桥镇支柱产业之一。与项目临近的高淳区依托优美自然环境已发展为地标性旅游景区。狸桥镇周边生态资源丰富，且附近较为成熟的旅游度假区白马高尔夫山庄已经聚集了一定的人气。基于微气候的营造发展，该场地应建设以养生休闲为主题的旅游型乡村。

（二）自然与文化资源

狸桥镇拥有较丰富的自然资源。园区栽植各种经济作物，除了观赏与生产功能外，还具备活动体验的性质。该镇林场盛产板栗、桃、李、枣以及中草药，银鱼、青虾、蟹是当地的特产，矿产资源中大理石资源最为丰富。

狸桥镇从宋代起就为名门望族之地，后又作为革命老区，现今仍保留龙溪塔、大王庙等古代建筑和遗址以及新四军司令部旧址。该镇最早名为犁头桥，民风淳朴，在长期社会发展中形成的民俗活动颇丰富，例如"走古事""赛龙舟"以及各种庙会等都具有一定的规模和影响力。

（三）地形分析

整体地势南北高中间低，西南高东北低。规划区最高点为北部山体顶端，高程为 59 米，最低点为中间谷底东北部的水塘周围，高程 25 米。最高点与最低点相差 34 米。

山地与谷底高差不大，坡度也较为平缓。谷地和山脚地势平坦，坡度基本都在 5% 以内，山体和山谷交叉地段坡度基本在 10% 以内，山坡部分坡度在 15%-25% 以内，规划区内最陡坡度基本在 35% 以内。

北部山体以正东、正南朝向为主，日照条件较好。谷底和南部山体以正北、西北朝向为主，日照条件较弱。坡向是决定地表面局部分配日照的重要因素之一，综合坡向可分析各区域的太阳辐射，同时间接影响水分、土壤和植物的生长适宜性。

（四）风向和日照分析

狸桥镇季风气候明显，由于受海陆热力性质差异的影响，夏季盛行来自海洋的偏南风，冬季盛行来自内陆的偏北风。常年主导风向为偏东风，东北风和东南风次之，年平均风速以东北偏东风最大，东北偏北风次之。项目基地风向风速受到地形制约较明显，西面、南面、东北角分别有三个通风走廊。

该地区一年中夏季最长，冬季次之，秋季最短，四季分明。光温同步，雨热同季，日照与温度的年内变化趋向一致，降水集中在暖热季节。

（五）绿植水体

规划区域内保留了一部分种植地，田间脉络较为清晰。部分地区自然山林植被杂乱，密度过大，群落结构单一。规划范围内有大片山地尚未开发，植物为当地野生群落，景观异质性较弱。基地北部山坡和南部山谷种植各种经济苗木，如：红叶石楠、红豆杉等，方便植物选种和移植。

基地北侧为白云山山体，坡度较缓，西南角有小面积水塘，南侧山谷地势南高北低，有水塘零星分布。水系有待规划和处理，渠道驳岸因缺乏维护有部分堵塞现象，导致干涸处植被滋生。水质污染物主要为生活垃圾，没有受到化工污染，含少量泥沙。

（六）建筑布局

建筑主要为当地居民住房，其中三处集中地区为乡村聚落，其余农舍零散分布。村落建筑密度较大，空间规划存在不合理之处，影响通风和光照以及居民生活出行。建筑单体以 1～2 层砖瓦房为主，除一部分可作为临时用房需保留，其余可拆除。基地三面环山，主要道路是将规划用地一分为二，宽四米，次路主要由人工开辟而成或为田间的田埂。

现状问题：项目地块虽然包含山体部分，整体坡度缓和，平坦地段位于基地中部谷地，但农田和建筑分散在中部地区，没有对微地形进行利用，农业产业也比较单一。基地主要交通道路宽幅和密度均过低，仅满足一般居民和生产需求，景观连接性和可通达性较差。水网结构不完善，驳岸长期无人管理，贫乏观赏性和景观多样性，同时也忽视了水系对农耕以及微气候带来的重要作用。没有充分挖掘具有区域特色的旅游资源，尚未整合周边的资源。

设计对策：结合生态适宜性分析，加大对缓坡带的利用，规划农产业建设，优化产业结构，自然资源和人文资源达到开发与生态良好融合的目的。规划统一路网体系，将道路分级。对零散的水体进行串联和梳理，做好水质净化和缓冲带退让，配置稳定的植物群落。将节气、当地物候、传统民俗活动与乡村旅游相结合，在整合"国际慢城"资源的同时，保持乡土特色。

三、狸桥镇旅游型乡村规划设计

（一）设计概念

旅游乡村的规划设计遵循整体、可持续原则。保护基地原始生态的基础上，运用生物气候设计手法结合当地自然环境，对该区域进行规划布局，在道路、绿植、水体、建筑、下垫面等方面进行局部微气候的改善。确立"道法自然，天人合一"的规划理念。打造以山水田园为基底，以养生度假为核心，以回归自然生活为特色的旅游型乡村。

（二）总体规划

狸桥镇位于两省交界处，紧邻高淳区，依托"国际慢城"的理念，项目基地利用良好的周边资源，将发展定位为环境宜人的养生乡村社区。响应国家多元化的养老政策要求，基地融入"慢城"规划体系之中，组建新型的养生旅游型村落，开创新型低碳的生活方式。

设计区域以大型湖面为主要节点，不同的景观次节点围绕主要节点形成视觉廊道。在原有地形基础上，完善水体系统，在区域内部改造一片自然湖面，入口景观以湖面为依托。整个景区以两侧山体为背景，充分考虑日照、风向等因素，适量利用土方的转移设计微地形，创造较为舒适的微气候环境。

参照设计团队的基于 GIS 叠加分析的规划建设适宜性分析结果，综合考虑其他气候地理因素，在适宜建设且通风良好的地区建造居住区；具有良好视觉效果的地块适合开发对外的养生区或住宿区，相对应的会有高回报和高价值；限制和禁止建设的区域要注重生态环境保护，保留林地，修复生物多样性。

（三）农耕旅游

项目规划中充分考虑农业发展和旅游相结合的形式，进行生态农业观光与农耕养生休闲的开发模式，并结合当地生产活动开展相应旅游项目。

栽培内容包含：观赏作物，包含四季花卉，配合园区整体景观造型、坡度、赏景路线等设计，可兼顾生产与景观作用的大面积作物；农耕活动作物，以当地自然气候和农历二十四节气为轴线，结合休闲观赏作用，让游客体验农业景观的独有性和季节性；教育意义作物，在保证正常的耕作前提下，引入小范围的体验区，让游客感受和体验到农业生产的全过程。

根据农事环节结合当地作物，大致策划四类不同季节的农业体验活动：春耕，土地耕耘、播种、插秧，经济作物识别，重点农耕植物包括水稻、花田（油菜花、桃花林）；夏耘，植物生长旺盛的时节，可进行除草施肥体验，果实采摘、插枝和时令花卉观赏（向日葵等）；秋收，可进行水稻收割、晒谷、渔获加工、蔬果花卉（百日草、万寿菊）加工等体验；冬藏，可发展农业体验活动包括手工制作（简单工具制作、编藤），赏梅观雪活动等。

体验活动根据不同地形环境划分几个区域，主要有：以种植苗木为主的经济林，选取适应当地土壤气候的苗木，如香樟、樱花、海棠、玉兰、红枫、乌桕、合欢等。同时选择适当的林下种植野菜形成立体栽植模式，增添采摘乐趣。结合智慧蔬果种植，发挥本地的资源特色，适量引进一些优良品种，提高蔬果的市场竞争优势，同时根据树形特点、花期长短、果色果期进行合理配置。地景花圃，以草本和小灌木为主的花卉、香料植物为主，种植一二年生球根或宿根类花卉，成为观光园中花卉生产基地。

（四）民俗旅游

乡村在长期社会发展中所形成的民风民俗不仅是生活生产重要的组成部分，也是宝贵的旅游资源，对当地文化有着延续、发展和传播的作用。民俗旅游亦是一种融入性的文化旅游，它满足了游客"求新、求异、求乐、求知"的心理需求。

狸桥镇的历史积淀孕育出当地独有的民俗文化。每逢新春佳节，当地居民会举行一系列的欢庆活动，如元宵节的焰火晚会、端午的赛龙舟，以及大小马灯、龙灯等观赏活动。农历二月十六的"走古事"是狸桥镇最盛大的民俗活动之一，这个活动为纪念历史上一名惠民利民的将军，被当地人奉为护农吉神。每年这一天，"走古事"的巡游队伍穿街走巷，锣鼓喧天，巡游队伍的角色装扮极具渲染力，是狸桥镇民俗文化的代表，也是独具特色的旅游资源。

乡村旅游的开发应注重个性化与融入性的体验。随着物质生活的提高，人们不再满足于走马观花的"掠影型"旅游形式，旅游开发中需考虑不同类型旅游者的体验需求，选择适合的服务策略和线路规划，同时尊重和保护当地民风民俗。

（五）绿植水体

绿植改造以景观生态学和森林经营理论为指导，基于白云山的自然地理条件、森林植被现状，改善植被的布局形态和搭配方式，最终能达到物种丰富、群落稳定、效益兼备的绿色生态系统。

在平面布局上主要以防护林形成的植物景观为主体，结合经济林和苗木林划分为春夏秋冬四个景观点。春季景观：深山含笑、马褂木、白玉兰、栾树、女贞、桃、二月兰等；夏季景观：广玉兰、合欢、竹类、荷花、山杜英；秋季景观：银杏、南酸枣、悬铃木、榉树、枫香、海棠；冬季景观：女贞、山茶花、蜡梅、麦冬、红瑞木等。绿地植物也可以进行点、线、面分类，"点"指各个区域景点的植物景观，"线"主要指道路、河流等植物景观，一般为条形或带状分布，"面"为自然式的面积范围较大的景观。

植被对小区域微气候的营造同样起着重要作用。结合 GIS 分析图，考虑土壤、水分、地面无霜期等各项植物适宜性指标，根据植物特性合理配置，利用现有植被的绿化基础，选用乡土植物和地区特色农作物（如红叶石楠等经济苗木栽培）。

绿植的改造分以下几点：选取以乡土树种为主的高大阔叶乔木，有利于夏季带动近地面的空气流动，绿植和水体的结合使局部环境的舒适度提升。较为稳定的植物纵向配置对地表增湿降温效果最明显，对于山体保育区采取林相改造、人工更新等方法，加快植被山体的修复，考虑植物景观"地被 - 灌木 - 乔木"的分层搭配，形成较为稳定的植物群落。不同地域存在着小气候，受到风影响较为严重的地区，通过种植密闭性较好的植物阻挡不利风向，植被种类选取香樟、胡桃、竹类、柑橘等。街道两侧配置高大落叶乔木有利于冬季获取充足的日照，夏季减少太阳直射、降低局部气温。街道绿植采取平均分片的种植，多采用乔木和灌木的结合，减少对大片地被的铺设，同时行道树需要结合街道的宽度，配置种类分叉点高，植物间距不宜太窄。

水体方面保留或扩充水域面积，将水系进行连通，既可以作为景观生态廊道之一，又能使雨水汇聚和水流循环。鼓励雨水的循环利用，减少景观或农业灌溉对饮用水的需求。

对于滨水建造区域保留 10 米以上的缓冲带。

（六）建筑规划

以 GIS 建设适宜性为依据，根据地块的可开发性做出调整和划分。由于规划区域北侧主要为山体，设计需最小化改造现有地形，通过分析图和现状确立道路的合理性，引导通风，坡度不超过 8%。优化地块，大疏大密，保护地形格局，延续自然山脉。

基地内部和南侧的原有道路设置为一级道路，起到对外交通作用。基地各区域被二级道路串联起来，通过三级道路再深入各个区域内部，保证乡村旅游各景点的通达性。道路系统顺应山体和水面走势，设置植被缓冲带和安全距离。

在建筑群落总平面布局上，将"住宅跟着马路走"转变为"道路景观代替住宅"，遵循大疏大密、集中组团的原则，改变以往乡村建设中将建筑设置在主干道两侧的规整排列做法，结合传统民居的形式，将住宅区分成若干个组团，成"凹字""回字"型等，相互独立又成为一体，以小径为纽带，既避开了道路带来的嘈杂污染和不够安全的隐患，又不会出现偏离主道路的孤立状态。大组团里成小组团，符合农村"四世同堂"的习惯，也方便邻里之间的交流和互动。

建筑组团根据传统民居形式改善，其中西南方向"一字"型建筑群形式与主导风向呈 45° 左右，夏季保证通风，建筑南面栽培高大落叶乔木。"凹字"型建筑主要分布在基地东面，开口主要南朝向（根据所处地形因地制宜），减少风在建筑群体的滞留回旋。西北方向分布较多"回"型建筑，主要分布在山坡和山脚，冬季太阳可以直射建筑内部，保持院落的干爽和温度的适宜，围合的中庭有着微气候的调和作用。在三种建筑群落形式里南面朝向的建筑单体需低于其他建筑，开口方向因不同建筑所处地形、坡度、高程的不同，需考虑四季主导风向和日照对其的利弊影响。

组团式建筑布局符合低密度住宅范畴，保证住宅相对集中。通过对朝向的调整，保证光照充足和通风良好，各组团也保持合理的间距。组团形式根据私密程度分为六种，满足不同使用人群的需求。建筑分布在坡地不超过 5% 的南向高地，减少不必要的技术费用支出，更重要的是确保对山体生态最小化的干扰，南向建筑在冬季较少地受不利风向的影响，地势高的西坡较朝东的坡向温度更加宜人，不会形成冷空气和雾气。

狸桥镇旅游型乡村的规划设计探究包括：旅游规划中发展农业生产和旅游相结合的形式，进行生态农业观光与农耕养生休闲的模式开发，并结合当地民俗活动开展相应项目。

场地设计范围包括白云山体的一部分，受微地形限制。合理的植被模式和种类选择，有利于热环境和空气调节；通过道路的重新规划，每个景区得以串联，通达性良好，汲取中国不同地域的传统聚落建筑经验，根据建造地的自然条件分为三种围合类型；绿植注重配置模式选择，在自然景观为主体的地区丰富纵向层次，点、线、面结合设计，植物分区主要为防护林的林相改造，经济林与观赏旅游项目结合，街道建筑周围的绿植景观配置；水体在原有基础的水塘上扩充面积，贯通水系，比单体面积大的水体更加有利于热环境的调节和稳定，同时作为生态廊道对自然生物循环有着重要意义。

在新的社会发展形势推动下，我国的乡村改造势在必行，如何在适应大气候环境的前提下，运用设计手法营造良好的微气候，如何改变千村一面，挖掘本地特色旅游资源是本节重点思考的问题。

第一，旅游型乡村微气候营造需要考虑到对农耕生产、当地居民生活行为、乡村旅游、乡村规划等多方面因素影响，微气候的完善对乡村建设有着重要意义，不仅可以促进生产和生活水平的提高，而且是发展第三产业的硬性条件。

第二，不同于以人工硬质景观为主的城市旅游，旅游乡村需注重以农业生产为基础的旅游资源开发，历史文化、民俗特色与自然景观是吸引游客的综合原因，节气、物候要与农耕旅游相结合，在整合"国际慢城"的同时，保持乡土特色。

第三，基于对项目基地的生物气候分析，主要通过对绿植水体、道路规划、建筑布局的规划设计，改善微气候中热环境、风环境、太阳辐射等影响因子，得出适宜于基地以及各个区域的设计手法，同时结合当地特色历史人文资源提出有适合本地的特色乡村旅游模式。

第四章　旅游文化

第一节　旅游文化的概念与内涵

　　随着我国市场经济的不断发展，人们的生活水平也不断地提高，对于文化的需求也是越来越高。在长期的娱乐资料探索当中，人们自然而然会想到旅游，改革开放四十几年来，我国关于旅游的消费就一直呈现出增长的态势，因此我们有必要了解一下旅游文化的相关概念和内涵。旅游文化作为旅游学的基本概念之一，一直以来是旅游学研究的重要内容，但是在旅游学的相关理论当中，旅游文化到底指向的是什么，其内涵有哪些，对于这些问题，人们的思考是模糊的，也没有一个比较一致的认识。本节试图从旅游活动的文化属性和旅游的资源以及相关的旅游产品的文化属性来对旅游文化进行说明。

一、旅游的本质和功能的文化性

　　在旅游学的诸多概念当中，关于旅游的范围其实非常广泛，从一定程度上来说，几乎是涵盖了人类活动的大部分领域。正是由于这个原因，旅游活动的项目开始急剧的增加，我们常见的旅游类型有休闲度假、科学考察、公务旅游、消遣旅游等等，在诸多的旅游种类当中，最具有代表性的就是观光消遣旅游，这也是人们感受的最深的旅游项目。所以说很多人都认为，所谓旅游其实就是一种关于审美的活动，具有美学本质的特点，这种美学本质表现为一种普遍的文化性。我们从旅游的功能上面来看也是如此，旅游具有 6 个功能，也就是增长知识、陶冶情操、促进文明、开启智慧、提高素质和强健体魄。几乎所有的功能都跟文化相关，这也在很大程度上体现旅游的文化功能。

二、旅游资源的文化属性

　　我们现在知道的是，旅游活动是具有文化性质的，所以从逻辑上来说，旅游的资源也是应该具有文化性的。旅游学中将旅游的资源分为人文旅游资源和自然旅游资源。人文旅游资源和自然旅游资源相辅相成，自然地理环境成就了自然旅游资源，一方水土也成就了一方人，形成了独具特色的人文旅游资源。

三、旅游产品的文化性

有时候我们在谈论旅游的时候总会提到关于地区或者国家的某些旅游产品，比如说影视娱乐作品，足球或者是文学小说等等，旅游产品的生产过程是一个经济与文化相互结合的过程，比如说风景区的开发，这跟当地区域经济发展是有很大的关系的，只有地区经济不断发展，才会使得人们有这个生活水平去体会更加高级的娱乐资料。经济运作的过程中，文学、电影等艺术表现形式又会为了自身的发展进一步跟旅游活动相互融合，最终使得旅游产品的范围扩大，并且带有浓厚的文化性。

四、旅游文化的概念和内涵

（一）旅游活动是旅游文化产生的前提

旅游文化的产生和发展是与旅游活动的产生和发展同步的，有了旅游活动就会产生对应的旅游文化，或者说，旅游文化的产生和发展都是因为有了旅游这个过程。当然，旅游文化的内容也是非常的广泛和复杂的，不仅仅是旅游者在旅游过程中的文化表现和文化影响，还包括了旅游的对象给旅游者带来的影响，从而使得旅游者为旅游对象提供文化产品以及相关的服务。

（二）旅游活动本身就是一种文化现象

从旅游活动的本质和功能上面来讲，旅游活动是具有很大程度的文化属性的，但是旅游必须要建立在坚实的经济基础之上，通过一些物质的形式表现出来。但是从另外一方面来说，旅游之所以会产生那么多的文化产品，并不仅仅是因为经济的原因，更因为一部分旅游者在这个过程当中追求的是文化的享受。所以，旅游活动是有一定的经济支出为前提的文化享受行为。

（三）旅游文化是一种融合文化，具有综合性

旅游文化是由客源文化、东道文化和服务文化互相融合，互相交流而形成的一种独立的文化形态，这种文化的形态主要构成部分有两个，首先是旅游者，其次就是旅游的对象，前者产生了旅游的诸多相关产品，后者则是旅游产品的主要内容。所以，无论是旅游文化的内容，还是文化产品的形成过程，都具有综合性的特征。

（四）旅游文化因主体的背景而异，具有多样性

旅游者来自世界各地，都有属于自己的不同的文化区域，但是旅游者的足迹通常都有可能踏遍地球上的每一个角落，与各种不同的东道文化相融合，因此这些旅游文化虽然在空间上存在于整个人类社会，但是不同的区域的旅游文化有着不同的表现和特征。同时由于旅游主体所表现出来的地域性，加强了旅游文化的差异性，这些都体现了旅游文化的多样性特征。

（五）资源文化是旅游文化的重要内容

资源文化作为东道文化的重要组成部分，跟通过旅游的人与相关的就业人员体现出来的旅游文化是有所不同的，后者是通过在旅游过程当中和就业过程当中服务与被服务关系的相对变换而体现出来的，而资源文化却是在旅游的人的逐渐增加的需求之下不断地被开发出来的。一般来说，自然资源的旅游文化是由地理位置决定的，却造就了不一样的民俗旅游文化，反映了当地的传统文化和深厚的人文精神，对旅游者最能够起到文化上的诱导作用，这也是东道主文化和客源文化互相交流和相互融合的重要内容。

综上所述，旅游作为经济发展的特殊产物，既标志着一种独立文化形态的产生，又是一种特殊的文化现象。同时对于文化关系的调节也有很大的作用，从地域上来看，不同的地区有不一样的旅游资源，从而产生不一样的地区旅游文化，从旅游者来看，受到地区文化的感染之后，又将这种别样的旅游文化带向自己的家乡或者其他的地区，又具有冲突和矛盾性，是旅游和旅游服务过程中综合形成的现象。

第二节　旅游文化的本质与特征探索

作为当前旅游文化研究的重要内容之一，旅游文化的本质及其特征一直是被广泛关注的重要问题。本节在遵循旅游文化的定义原则对其概念进行阐述的基础上，深入剖析了旅游文化的本质，指出旅游文化实际上是一种文化活动，并对旅游文化的主要特征进行了概括总结，具有十分重要的理论意义和实践意义。

在激烈的市场竞争环境下，我国当前的旅游经济面临着巨大挑战，为了进一步促进旅游业发展，促进我国旅游业走向国际化、现代化的步伐，必须将发展旅游文化作为一项根本任务去完成，将旅游文化的发展作为保障旅游经济发展的坚实后盾。为了促进旅游文化的进一步完善，我们应该对旅游文化的定义原则、内涵、本质和特征等重要内容进行深入探索，从而保证其能够健康有序发展。

一、旅游文化的定义原则

（一）整体性原则

定义旅游文化的首要原则就是整体性原则，它指的是我们在定义旅游文化时，必须立足于旅游文化的整体性，无论在探究、研讨的过程中经过了怎样的分析讨论，在最后进行定义时都不能将其分成若干个部分去进行分别定义，而是要回归、总结到旅游文化的整体上来。此外，如果我们要对旅游文化的本质进行深入探讨时有必要将其分割成主体部分、客体部分和中介部分，仍要遵循整体性的前提，这是保证对旅游文化定义科学性、合理性的重要前提。我们在对旅游文化进行定义时之所以要强调整体性的重要作用，将其视为一个完整的整体，是因为我们要充分考虑到它所包含的各个部分之间存在着一种十分紧密的内在联系，为了避免定义过程中忽视了对这种内在联系的描述，就必须时刻注意遵循整体性原则。在旅游文化的定义过程中，一定要十分重视对整体性地把握，从而保证定义的科学性和合理性。

（二）逻辑性原则

定义旅游文化时要遵循逻辑性原则，它主要包含两个方面。首先，以偏概全和以点带面等现象应该避免，定义时的每一步推理、每一次判断都应该时刻注意对逻辑规范的遵循。从这个角度来看，作为旅游文化的三个重要组成部分，旅游主体文化、旅游客体文化和旅游中介文化都发挥着重要作用，绝不能简单地用"部分＋部分＝整体"的逻辑去对其进行定义，更不能将其中单独的一部分或单独的两部分等同于旅游文化。其次，在实际的定义过程中，要注意用基本的逻辑规范去约束所使用的语言表述，类似于"旅游文化就是……各种旅游文化现象的总和"之类的存在一定逻辑错误的表述是一定不能出现在最重的定义中的，这要求我们在定义旅游文化时要首先搞清楚基本的逻辑方法和逻辑思维，并在定义过程中严格遵守。

（三）对象性原则

在定义旅游文化的过程中，应该遵循对象性原则，这也就是说，研究视角应该是由所研究的对象来决定的，而绝不能是由研究视角来决定研究对象。我们要下的定义是旅游文化，在这里定义对象已经十分明确，就是旅游文化。在这种情况下，我们还是可以通过几种完全不同的方法、通过不同的视角来定义旅游文化，但是无论视角如何变化，方法如何不同，定义的对象都始终是旅游文化。在定义旅游文化时之所以要遵循对象性原则，是为了更好地探究旅游文化的本质，并对其有更加深刻的理解。

二、旅游文化的内涵与本质

（一）旅游文化的内涵

作为旅游文化研究中的一项重要内容，旅游文化的内涵是研究旅游文化的基础所在，具有十分重要的意义。当前，相关学者对旅游文化内涵的认识还存在许多纷争和不同的看法。但是当前学术界对于旅游文化内涵的共同认识是：旅游文化是一种文化，它是在旅游活动中产生的，并在旅游活动中进行整合。

（二）旅游文化的本质

旅游文化本质是一种人类文化，是伴随着人类旅游活动的产生和发展而逐渐形成、融合和发展的一种文化活动，从这一角度来说旅游文化的本质应该包含以下几个方面的内容：

第一，因为是在具体的旅游活动中产生的，所以旅游文化实际上是一种原生性旅游文化，也就是说它的产生和发展都是伴随着我们人类的旅游活动而产生的，如果没有人类的旅游活动，也就不会产生所谓的旅游文化，人类旅游活动的产生和发展是旅游文化产生和发展的重要前提和重要基础；第二，作为旅游文化过程中被整合的一种文化，旅游文化又可以被看作是一种非原生性旅游文化，在人类旅游活动的发展过程中，旅游者和旅游业者逐渐将其整合到旅游活动和旅游经营活动中去，从而形成；第三，旅游文化中既有静态的文化现象，也有动态的文化活动，它是一种将二者进行统一的文化，也就是说，旅游文化既可以指旅游文化活动，也可以指旅游文化现象；第四，文化本身就是物质和精神相统一的产物，而旅游文化当然也不例外，它也是物质外显和精神内涵的统一，在物质方面旅游文化主要包括服饰、饮食、园林、建筑等客观有形的存在，在精神方面则包括审美追求、思维方式等无形的事物；第五，创新是文化的本质，因此旅游文化绝不是将旅游和文化简单相加后得出的产物，更不是种种不同文化的杂糅，实际上它是旅游活动和文化相互交融后产生的一种过渡性文化，是全新的文化形态。

三、旅游文化的特征

（一）双向扩散性

旅游文化的第一个特征是双向扩散性。作为一种移动的传播文化，旅游主体的运动往往会带动不同地域的文化在广阔的空间和时间范围内进行不断地扩散和飘移，在这一过程中，旅游主体身上所带的客源地文化、民族文化和带有强烈主观色彩的价值观念、思维和行为方式等都会被自觉或者不自觉地扩散和传播到目的地，从而对目的地文化形成冲击和影响。而与此同时，旅游主体也会受到旅游目的地文化的吸引和反作用，并在一定程度上容忍甚至接受目的地文化，从而反叛和背离自己原有的客源地文化。在这种情况下，旅游主体在从旅游目的地返回自己的客源地之后，目的地文化在不知不觉中已经被带入到了客源地之中，并对客源地的旅游文化形成潜移默化的影响，这就是旅游文化的双向扩散性。这种看似平等的双向扩散实际上存在着很大的不平等，因为从较长一段时间来看，目的地文化所受到的旅游主体文化的冲击往往较为严重，甚至其传统文化会被彻底瓦解，而旅游主体和客源地文化所受到的影响则远远没有这么严重。

（二）民族性

民族性也是旅游文化的一个重要特征。旅游文化的表象和内涵往往会因为民族的不同而存在比较明显的民族差异，以旅游性格（指旅游主体的旅游性格）为例，内敛稳健是大多数中国游客的性格特征，而西方旅游者则多表现为热爱冒险、开朗外向；对于中国人来说，内心体现在旅游中占据着比较重要的位置，而西方游客多重视外在观察；道德塑造功能在中国人眼里是旅游的重要目的，而西方人多重视旅游的求知价值。这种明显存在的旅游文化的民族差异使得旅游目的地的美景和风土人情对旅游主体具有十分强烈的吸引力，感受异域文化的魅力和韵味成为广大旅游客的精神向往。并且在旅游过程中旅游文化的民族差异让不同民族各具风格和特色的民族风情得以被展示，成为吸引游客的魅力所在。

（三）地域性

地域性是旅游文化的又一重要特征。作为旅游产生的一个重要的条件，地域文化的差异也成为旅游文化存在地域差异的一个重要原因。旅游文化的地域性在很多方面都有体现：首先，我们可以从旅游资源在空间分布上存在的差异看到，无论是东北还是华北、西北，无论是华东还是华中、华南，地域上的特征都是显而易见的，而且这种地域上的差异往往具有十分显著的文化韵味和文化魅力，吸引着广大游客纷至沓来；其次，旅游动机的差异也是印证旅游文化存在地域性的有力证据，经济发达地区的广大游客出于对原始风貌和原始生存状态的向往，往往会选择去欠发达地区旅游，而欠发达地区的广大游客则始终憧憬着大都市的繁华，从而希望去现代化、国际化的城市旅游；最后，我们还可以从不同地域在文化传统上存在的差异中看到旅游文化存在的地域性，不同地区的文化在其旅游文化中都会有不同的体现和表达，为了和其他文化形成显著区别，不同地区会利用自己的传统文化和习俗形成吸引游客法宝。

（四）阶层性

从旅游主体的角度出发，旅游文化实际上是带有一定的阶级性的，这是旅游文化的重要特征之一。通常来说，相对上层的旅游者往往矜持、端庄、大方、优雅，中层社会的广大游客大多情况下是自信、敢于冒险的，而下层社会的游客则多是怯懦保守的。这也就说明，在实际的旅游活动中，随着旅游者的身份越靠近下层社会，他们对于旅游实用价值的重视程度便会越来越强，反之则越来越重视观赏价值。

（五）大众性

大众性也是旅游文化的重要特征。随着经济社会的不断发展和人们生活水平的显著提升，旅游已经成为人们生活中的基本生活需求之一，现代旅游已经越来越向大众旅游靠拢，旅游文化也更加成为一种大众文化。这并不是说旅游文化越来越呈现出底层次和低俗化，也不是说原本为少数社会精英和上层社会人们所拥有的雅文化已经被旅游文化所摒弃，而是说旅游文化已经逐渐成为雅俗共赏的大众性文化，这是旅游文化与时俱进的结果，也是旅游文化得以蓬勃发展的重要原因。

在当前旅游经济发展遭遇激烈竞争的情况下，旅游文化的重要作用已经开始凸显，这就要求我们不断加强对旅游文化的重视，只有这样才能使得中国的旅游业取得更进一步的发展，使得文化成为新时期旅游业发展的新的经济增长点。

第三节　地区旅游文化的意义与建设

我国经济的发展促进了地方发展旅游业的热情和投资。地方旅游业的发展是以地区经济发展为目的，以建设地区的旅游文化为重要手段。目前旅游文化的建设还存在大量问题，这些问题对旅游业的发展产生巨大的负面作用。本节对旅游文化经常出现的问题进行分析，并提出相应的建议。

我国的经济发展进入转型之后，国家和地方都在寻求新的经济增长点。在国家经济策略决定以建设消费型经济社会为主后，如何促进消费者消费并将其转化为经济的可持续增长力，成为经济学者的一个重要的研究方向。通常消费者的消费分为基础性消费与增长性消费。基础性消费是指，消费者的消费是以满足其基本生存和劳动力再生产为主的消费，包括：衣食住行、教育、医疗等。基础性消费是刚性需求市场，市场储量容量巨大，但是竞争极为激烈，利润较低，且会消耗大量的资源，还可能产生巨大的污染问题。增长性消费，是为了满足人的更高级的需求，如，幸福感、满意感、自我实现等需求。通常增长性消费会带来巨大的溢价，利润较高，对环境的污染较少。在增长性消费中，旅游消费因其利润高、污染少、附加值高、见效快而备受地方的重视。

旅游业的经济特性使地方对发展旅游业具有浓厚的兴趣。许多地方均积极投入资金进行本地区的旅游开发。许多地方出现了大量的"现代化"人文景观，这些景观的文化性、经济性对旅游业发展产生的影响，尚缺乏系统的研究。本节就此问题展开分析和讨论，提出自己的分析与观点。

一、进行地区的文化建设是旅游文化建设发展的必然

旅游业如果要产生效益，关键在于要使本地的旅游业提高吸引力。而使旅游业产生吸引力的主要因素包括：优美的风景、独特的文化、特殊的商品等。在这些因素中，优美的风景因祖国山河的壮丽，幅员的辽阔而难以具有独特优势，并且，优美的风景还受到季节的限制，工业发展的污染，景区承载量等的限制。因此，单纯以风景优美作为地区特点，旅游的吸引力不足。特殊的商品在经济全球化，物流高度发达的当代，生产力高度发达，很少有特殊的商品只能在某个地区销售。一旦某种商品有吸引力，生产厂商会尽量的扩大生产能力，并通过现代化的销售网会将商品销售到有需求的能够获得可观利润的每一个角落。地方如果想靠特殊商品获得旅游吸引力，明显与现代化的生产相矛盾，不符合社会发展规律。

独特的文化则具有以上两个因素不具备的优势。首先，文化不受季节的限制，且天然因地域性而具有独特性，甚至唯一性。文化的这些特性就保证了能够明显提高旅游业的吸引力。其次，文化是可持续发展的，随着时代的变化会不断变更，产生新的特色。文化的可持续发展就使地区旅游业的吸引力一直保持，对地区产生持续性的效益。最后，文化产生的吸引力对精神需求较高的人群，特别是高级知识分子具有独特的吸引力。而高级知识分子的到来会显著提高地方的知识水平，进一步带动经济的发展。

二、旅游文化的塑造问题与建议

当前地方对发展旅游业的态度极为积极，也投入大量的资金和精力进行地区旅游文化塑造。地方的积极发展促进了旅游业的蓬勃发展，也表现出诸多问题，值得批判与反思。

首先，在建设旅游文化时，盲目跟风的现象非常严重，没有充分考虑到文化特色的真正含义。例如，当《西游记》在我国流行非常火热的时期，许多地方都兴建了西游记主题公园——西游记宫，以吸引游客获得经济效益。然而随着《西游记》热播的结束，这些人造景点由于缺乏吸引力，纷纷倒闭，不仅造成大量的资源的浪费，还给地方经济造成大量冲击。西游记宫这一典型案例充分说明，在进行旅游文化塑造时，不能盲目跟风，要结合地区实际，有自己的特色。

其次，在建设旅游文化时，要充分考虑到文化产生的辐射作用。文化是具有辐射作用，首当其冲受到影响的是地区，例如，一些地区为发展旅游业，使一些"古城"维持在原有的生活水准，如，不准使用电线，不准用自来水，只能用古式井，甚至不能有燃油车的出现。这些规定固然使古城产生独特的吸引力，但是对于在古城生活的居民来讲，长时间脱离现代社会的生活方式，对他们产生的影响非常巨大。

第三，在建设旅游文化时，要同时进行地区综合建设，不能将建设只停留在景区内。许多地方在进行旅游业建设时，将精力集中在景区的建设，而地区的整体水平的建设则落后于景区建设，尤其是基础建设。游客对旅游的印象和反馈，景区固然占首要位置，但是，地区的基础条件也是影响游客感官的重要因素。当今许多地方投入重金进行旅游形象建设，往往出现少量的负面新闻就使前期投巨资建立的旅游形象轰然倒塌，造成惨重的经济损失。

总结以往的问题对地方进行旅游文化出现的问题，给出建设旅游文化的建议。

首先，地方建设旅游文化要进行严格的论证。必须先进行地区的旅游资源考察以确定适合建设的文化的内容和种类。对旅游文化对地区产生的影响进行充分的调研和预估。对旅游文化产生的经济效益、社会效益进行严格评价。

其次，地方建设旅游文化要科学化、系统化规划。旅游文化的文化辐射作用会对地方产生深刻的影响。在引入文化或在唤醒文化时，不能只考虑带来的经济利益，必须系统考虑文化对当地现有文化产生的影响，对人们生活方式的影响，以及对地区总体经济发展的影响。

第四节　美学视野下的旅游文化

良好的旅游文化是旅游业可持续发展的保证。在当前形势下，将旅游文化放在美学视野下进行重新审视，注重其文化性、艺术性及其相互关系，对于提升旅游文化、发展现阶段旅游具有积极的意义。

一、问题的提出

随着我国社会经济的快速发展，旅游成为当前人们越来越主要的生活方式之一，因此旅游业成为地区社会经济发展的重要途径之一，有些地区更是以旅游业作为本地区的支柱产业。当然，虽然旅游业在地区发展发挥了其产业优势的特点，也取得了一定的成果，但在发展中也凸显了一些普遍的问题，这些问题归结起来就是：虽然旅游地为吸引游客而使出了浑身解数来打造旅游文化，但满怀期望的游客常常还是对旅游文化感到程度不同的失望、不满。这就导致了这样的结果：对于游客来说，他们不能从旅游地提供的旅游文化中获得一种满足感，从而对旅游的最终评价偏向否定；而对于旅游地来说，自认为经过精心、尽力打造的旅游文化得不到游客的认可和肯定，使他们产生一定程度的挫败感和困惑，这种挫败感和困惑不仅来自于工作的艰辛，也来自于在打造旅游文化的过程中对原有文化的改造带来的负面作用和影响以及附带的旅游业对本地文化的不断冲击而带来的社会文化的急剧变迁。这样的状况一方面体现了旅游文化的不足，另一方面也会影响到对旅游文化建设的积极性，进而影响到旅游业的可持续发展。旅游文化作为连接旅游者和旅游地关系的核心要素，成为解决旅游者和旅游地问题的关键因素。因此，旅游地如何利用当地文化资源打造和提供好旅游文化来满足游客的期望、要求和目的，就成为旅游业良性发展的一个非常重要的问题。

二、对旅游文化的再理解

要理解旅游文化，我们先来看看旅游文化应该怎样满足旅游者的精神需求。要满足旅游者的精神需求是一件既简单又极度复杂的事情。说简单是因为旅游就是旅游者到一个新的文化环境中去看、去听、去感受不一样的事物，而一般情况下，旅游文化都能满足这样的目的。说复杂，是因为每一个旅游者由于其个体差异而对旅游文化的需求目的不同，因而呈现出异常复杂的状态。所以，旅游文化要同时满足许许多多不同人的文化需求或精神需求，似乎是一件不可能的事情。但是，如果我们从美学的视野下考察旅游文化，从人们对文化的追求进而到艺术的追求中，似乎可以找到一点线索、答案和规律。因为从人类创造文化、创造艺术的过程中，我们发现其实就是人类在不断地认识对象，不断地寻找自己、发现自己并追求一种心灵更高的境界，从而使心灵得到满足、得到升华的过程。也就是说，文化提供了对对象的不同认识，而艺术是对文化的提升并反映出一种文化达到的高度。虽然这种艺术性在达到它最高境界的过程中有一个发展过程或是呈现出多层次性，即从粗糙到精致、从简单到复杂、从感官到内心等等，各种文化事项表现出的艺术程度是不同的，但这种艺术性将人们的感受直指到精神的某种高度，从而获得某种心灵的满足。因此，艺术的这种层次性也对应着不同的游客，虽然不同的游客有着不同的文化需求和精神需求，但它们最终能从旅游文化及其旅游文化所表现出的艺术性从得到不同的美感或不同的精神满足。所以，旅游文化也应如此，既有文化性也必须有艺术性，它既要让人们的感官感受到不同的文化体验，还要让人们感到精神上的惬意、放松，并且在享受艺术美感的同时使心灵得到满足、生命得到升华。因此，笔者认为，这样的旅游文化才会有更好的表现形式，才会体现更深刻的文化内涵，才能吸引游客的心灵。

三、从文化到艺术——旅游文化发展的方向

目前旅游地所提供的旅游文化的表现形式，如重构、原生态、文化改造、异质文化引进、多文化并存、文化表演展示、传统与现代文化混合等，作为目前旅游地旅游文化的模式，都继续可以成为旅游文化展示的各种方式。因为它们发挥出功能，吸引了无数的游客，使游客在旅游中初步认识、了解、接触到了不同的文化，感受到了不同文化带给他们别样的文化体验，而这些文化感受和体验就能适度不同的满足游客的精神需求。当然，对于这些旅游文化模式所表现出的不足，如要么割断了旅游文化和本地文化的联系；要么文化变质，或改头换面，或以新的面貌出现而显得异常另类；要么以单个的、孤零零的方式展现文化内容，使游客感受不到对整体文化的印象，尤其是从这些情况中表现出的文化失真、文化虚假问题，说明可以对这些旅游文化进行持续的改善。而在改善的过程中，要把握旅游文化和本地文化的关系，即旅游文化不能脱离本地文化的土壤，即使需要以一种夸张、突出、张扬的表现方式，也要将其放置在本地的文化生态环境中来表达，这样也才能让游客感受到旅游文化的"真实"，从而体会到一种文化对人们生存、生活及其发展的意义，从中得到文化收获。

旅游文化的文化性、艺术性及其商品性，决定了要把旅游文化打造成为大众喜欢的畅销的艺术产品。而畅销的艺术品就要既遵从大众的文化需求又要遵从艺术的规律，还要遵从商品经济的规律。从这个角度来说，旅游文化就应该是分类分层的在不同的层面满足不同游客的需求。从文化性方面来说，合理、适度地利用本地的文化资源可以成为旅游文化的内容，而且在打造旅游文化时，要尽量体现一种"真实性"，如在饮食、服饰、建筑、交通、居住、民间歌舞、生态环境、自然景观等方面。也就是说对这些表层文化的利用要保持一个度，这个度既包括文化性方面也包括艺术性方面，否则一是使旅游文化显得虚假、脱离本土文化，二是表层文化会危及深层文化，会慢慢破坏本地文化的原有结构和功能，从而引起文化冲突，引起当地人们的排斥、反感，甚至抵制，产生很大的负面效应。

旅游是一种复杂的人类文化活动，但不管何种模式的旅游文化，笔者认为它应该表现出"文化要真实，艺术现高度"的特点，因为只有这样，人们对一种文化的体验和感受才能从感官上升到精神、甚至灵魂，也才能更充分地发挥旅游文化的内在的功能，从而使其富有文化魅力，吸引更多的人。文化包罗万象、内容庞杂，仅仅通过一种异质文化的体验，

游客只能体会到一种文化的不同性，但还不能领略到一种文化的精神内涵和文化高度。而只有通过艺术，才能展现这种文化的精髓，使游客能真正领略一种文化的意蕴，即体会到这种文化的情感、审美、精神、风骨、灵魂等。这样，游客就会受到这种文化的感染、影响，从而对于其特殊的表现形式、特别的发展脉络、丰富的内涵、别样的精妙有了他们自己的不同理解和想象。这种理解和想象的过程其实就是游客在从一种异质的文化中寻求自我的过程，并在这过程中理解自己、认识自己、满足自己。于是，游客的文化体验得到了提升，他在旅游文化中不仅收获了对不同的文化认识，而且从中发展了自己、提升了自己。这时，旅游文化才真正对游客产生影响并吸引他们，因为这样的旅游文化更成为一种文化交流，并使交流者能在交流的过程中得到提升。所以，旅游文化应该在展现各种文化事项时显露出本节化的艺术性，这种艺术性不仅能带给游客美的享受、精神的松弛、心情的闲散，从而忘却旅途的辛劳，而且通过这种艺术性，激发游客的想象力，在想象中发现自己、认识自己、提升自己，从而使心灵得到满足、精神得到振奋、生命得到活力。因此，旅游文化应该从文化走向艺术，才是旅游文化发展的方向，才能满足当前人们对旅游的多重需要。

第五节　现代旅游文化的营销运作模式

经济社会发展促使人们的生活水平逐步提升，物质需求获得满足后，就需要获得精神方面享受，旅游自然而然成了娱乐放松重要的选择，在享受生活过程中，也能够体味到旅游文化所给予的愉悦感受。旅游文化属于营销运作，有利于促使旅游产品文化价值加深，旅游者也能够体味旅游产品所蕴含多层次价值。因此，需要从市场角度、文化角度以及产品角度获取平衡点，构建现代旅游文化营销运作模式。本节对现代旅游文化的营销特点作了分析，结合现代旅欧文化营销现状提出有效对策，为促进旅游文化市场健康发展打下良好的基础。

随着物质文化逐渐发展，中国的发展更是突出，这就使得中国人并不只是关注物质方面享受，更加关注精神享受。旅游市场市场化对中国人具有非常大吸引力。结合目前旅游产品发展趋势，旅游产品逐渐向旅游文化方向发展，旅游产品方面也更加注重培养其文化特色，构建独特旅游文化品牌，促使越来越多旅游者渐渐加入到旅游中。本质上说，旅游文化营销是营销方式，旅游行业经营者借助特色化旅游自然，融入先进文化理念，对旅游行业发展以及提升旅游服务附加值的因素进行分析，尽可能满足消费者在文化价值方面的需求，促进市场交换，给予消费者高度和谐文化体验。结合现代旅游文化发展，旅游文化营销属于新兴旅游产品营销方式，对旅游市场具有非常深刻影响。结合旅游文化与市场营销，开发旅游产品前瞻性，同时旅游视角也较为独特，促进旅游行业想着现代化方向发展，构建出较为特色旅游文化，进而促进旅游产品可持续发展。

一、现代旅游文化的营销特点

（一）现代旅游文化营销时代特点

任何的旅游产品所体现出的旅游文化都呈现出时代特点，旅游文化营销属于文化附加值，对于相同旅游资源，不同时代产生了不同文化意识，属于客观景色变化以及主观意识变化结果。时代逐渐发展，旅游文化产业也呈现鲜明时代性特点。消费者旅游产品文化需求也呈现出持续变化状态，不同时代的消费者所产生旅游文化也存在着非常大的差异，这也直接影响到现代旅游文化营销，需要关注旅游文化时代特点。开展旅游文化营销过程中，需要同时代文化、意识形态发展之间实现同步，构建更加强大吸引力，为促进旅游市场发展提供影响力更强旅游产品。

（二）现代旅游文化营销引导特点

旅游文化营销属于营销手段，目的在于引导旅游者旅游消费。旅游文化营销需要具有强烈引导性。从目前来看，一些旅游产品的开发者与旅游市场参与者在经营以及营销中缺乏科学认识，往往将引导目的集中在经济效益方面，进而出现零团费、低价团等相关旅游产品，最终目的就是引导消费者消费与购物等等。但是这种导向是错误的，容易造成旅游市场无法实现健康发展。理性化旅游产品需要尊重消费者消费需求，做好引导工作以及调整工作，做好消费者消费欲望培养工作与挖掘工作。旅游文化属于无形资源，实际上，旅游产品成为重要的价值载体。需要充分考虑到旅游文化营销引导性，实现旅游市场可持续发展，做好旅游产品潜在性文化需求的挖掘工作以及培育工作。

二、现代旅游文化营销运作现状

（一）旅游文化产品层次不深

准确来说，旅游文化就是文化旅游，景点具有文化内涵就能够吸引到消费者，反过来说，单纯性景点无法对游客产生吸引力。随着旅游文化理念加入，提升了旅游附加值。从目前来看，旅游行业渐渐摆脱了传统凭借游客数量获得收益的模式，注重景点文化内涵的深层次挖掘，这也是旅游行业发展的关键。实际上，旅游行业的相关经营者在进行旅游文化深层次挖掘过程中存在着理念匮乏的问题，往往只是针对景点、景区以及旅游线路等简单变化与开发，并没有从文化角度来深层次解读旅游环境，这就使得旅游文化连续性不强。

（二）旅游文化营销对策过于单一

从目前来看，旅游文化营销同文化之间的距离渐行渐远，若是说，早期文化旅游属于重要的营销手段，现在则不是这样。经过了文化旅游之后，游客已经熟知了该地，这就使得其对游客不再具有吸引力，往往通过降价方式来激活文化旅游生命力，但是这种方式并不是科学合理的。究其原因，对景点文化内涵深层次挖掘不够，旅游文化营销方面宣传策略也存在着手段过于单一的问题，除了大量投入广告，其他出彩宣传方式屈指可数，宣传立体感并不强，持久性比较差。考虑到旅游的时间较为集中，旅游行业相关经营者将重点放在全年的长假方面，这就使得大批游客在短时间内快速涌入景区，这就使得景区风景大打折扣。

（三）旅游文化主题缺乏个性

景区生命力与吸引力集中在景区主题。特色化主题以及个性化主题能够吸引更多游客眼球。实际上，个性化主题以及特色化主题更能够吸引到游客兴趣。诸如，以"丝绸之府""鱼米之乡"为代表江南水乡——乌镇，打造了淳朴秀丽水乡景色，历史积淀民俗节目以及独特风味民间小吃，吸引来自全国各地大量游客来到乌镇。旅游文化主题属于旅游文化的营销核心，也是提升旅游行业竞争力的关键。旅游属于大众化审美过程，但是目前旅游发展现状并不是非常理想，非常多旅游景点与旅游景区都存在着跟风的现象，这就使得非常多的景区千篇一律，缺乏吸引力。总之，旅游文化主题特色与主题个性对景区长远发展具有非常大的影响，不要跟风、不要雷同。

三、现代旅游文化的营销运作模式分析

（一）将市场作为产品发展归宿

产品引导型的旅游文化营销主要是明确旅游产品在旅游文化营销引导中的核心作用，将其作为文化营销起点，最终顺利回归于旅游市场。产品引导型旅游文化的营销方式关键在于旅游需求制造，结合旅游产品文化特征，充分挖掘特点，最终转化成旅游市场内旅游需求。文化营销并不只是扭曲以及改变自身，而是需要充分挖掘产品内旅游文化，需要将旅游文化与旅游营销有效结合。旅游产品推广是目前产品引导下实现旅游文化营销根本，但是无法将营销目的完全替代文化传播目的，那么就需要提升旅游产品文化特征，表现旅游产品的文化特色，做好旅游者消费需求挖掘工作以及培育工作。一部分产品引导式旅游文化营销，更加注重打造产品文化，这样虽然可以拓展产品文化属性，但是开发成本投入也比较高，无法促进旅游文化发展，甚至可能促使旅游营销无法实现市场良性发展。因此，产品引导型旅游文化营销需要对文化类活动重点考量，促进旅游文化产品能够在更大的范围内实现传播。例如，文化展览会、节庆活动、学术类讲座等等，明确旅游产品文化焦点，最终促使旅游产品能够真正融入旅游市场。该类营销行为关键在于旅游消费者能够真正地认同旅游产品内在文化因素，做好旅游产品文化属性深入把握，这样能够借助文化渠道来充分推广旅游产品。

（二）重视文化因素

旅游产品在实际发展过程中，需要结合市场需求及时更新，同时结合目前文化发展趋势以及流行趋势调整，根据旅游产品调整与设计形成文化资源，实现整合与优化。例如，

针对目前的谍战题材电视作品，在东北存在着伪满洲国的旧址，那么就可结合谍战片内容来设计相关旅游产品，投入到市场内。结合伪满洲国宫廷、伪满洲国文化和日本殖民创伤等角度形成特色化主题旅游线路，保证内容符合抗战胜利，构建特色化文化宣传。需要特别关注的是，产品实现了文化与市场之间的沟通与互动，产品设计过程中，需要开展充分调研，对市场与文化间具体发展情况进行调查与研究，这样能够保证所设计旅游产品能够满足目前旅游市场发展，提升旅游产品影响。通过挖掘旅游产品自身文化附加值，提升旅游产品吸引力，在旅游产品投入到市场后，更加具有吸引力。例如，针对抗日文化主题相关旅游产品，需要注重挖掘历史文化细节，促使旅游者借助旅游来体味当时生活场景。因此，兼具自然风光与人文风光，旅游产品设计过程中需要实现时代感与市井文化之间平衡，促使该旅游产品能够成为市场旅游文化热点与旅游文化焦点。

（三）尊重市场需求

　　旅游文化营销核心在于旅游市场，这也是旅游文化营销的核心与出发点，要通过塑造文化来形成特色化旅游产品。结合市场观察以及市场分析营销行为，旅游消费者尊重旅游市场文化需求，进而设计出更加具有针对性旅游作品。在旅游产品设计过程中，抽象文化要素渐渐形成了具体文化属性，开发出独具特色旅游文化产品，这也就是旅游产品使用属性方面拓展。纯粹文化旅游产品无法具有长久市场吸引力，旅游产品则是将文化与具体使用功能相结合，以旅游市场看作是出发点，充分考量旅游产品文化价值以及实际价值，提升旅游产品影响力。市场引导型旅游文化营销前，需要分析已经投入市场旅游产品各项的基本属性，经过深入调查以及深入研究，明确市场与产品间文化线条。以南京为例，作为六朝古都，南京旅游资源以历史文化类为主，但是不能仅仅实现南京历史文化产品化，而是需要观察市场，发现南京旅游产品所包含自然风光内容、古玩小吃等等，在进行南京旅游产品开发过程中，需要将市场作为出发点，构建综合性旅游文化营销。因此，在现代旅游文化营销过程中，需要重点考虑市场因素，结合消费者经济实力以及文化需求等因素，将其充分考虑到旅游产品设计中，促使旅游产品能够投入到市场中，构建独具影响力旅游文化需求，这种推广行为和营销行为，需要将市场看做出发点，明确最终目标为有效旅游需求。

　　总而言之，目前现代旅游文化发展主要是期望能够实现文化具体化，将文化作为重要的出发点，将文化看作是市场和产品间沟通的重要媒介。实际上，文化属于旅游产品灵魂，并不只是一种发展渠道，而是促使旅游产品发展的重要元素。在现代旅游文化营销时，需要明确旅游营销核心，结合现代旅游发展实际情况，将文化看作是核心的生产力，明确旅游产品发展根源性的力量。现代旅游产品在发展过程中，现代旅游文化营销运作核心在于实现旅游文化发展，借助文化方式来完善以及发展旅游产品。旅游文化营销过程中，实际上就是增加旅游产品文化价值深度，给予旅游者更加丰富文化体验。总之，大众物质生活逐渐富裕促使放松性、休闲性旅游产品消费已经无法满足实际需求，消费者对于文化体验与旅游中精神升华方面的关注度更高，现代旅游文化在进行营销过程中，需要客观对待大众旅游消费的心理变化，培养旅游文化的服务意识以及品牌意识，经过旅游文化体验来提升旅游者满意度，促进旅游行业更好发展。

第六节　旅游文化的内涵挖掘策略研究

旅游文化的内涵是旅游的灵魂，深度挖掘旅游文化的内涵，大力开发旅游文化资源，对旅游业的发展有着重要的意义。首先探讨旅游文化的内涵，进而分析旅游文化的内涵挖掘现状，在此基础上提出深度挖掘旅游文化内涵的策略，以期构筑旅游业发展特色，实现旅游业可持续发展。

旅游文化是旅游业发展的灵魂，在旅游经济、旅游社会、旅游生态及社会主义精神文明建设中发挥着巨大的作用。中国旅游业要获得较大的发展，立于世界旅游强国之林，就必须高度重视旅游文化建设，深入挖掘旅游文化的内涵，营造旅游文化氛围。本节主要从旅游文化的内涵入手进行探讨，阐述了旅游文化的内涵挖掘现状，并提出相应的策略，为我国旅游业的快速、稳定、可持续发展提供可靠依据。

一、旅游文化的内涵探讨

旅游文化的研究现状。自美国著名学者 RobertW.McIn tosh 首次提出旅游文化的概念的二十多年来，不同专家学者尝试从经济学、文化学、社会学及地理学等不同学科，通过不同视野来研究旅游文化，并取得了一定的成果。期间经历了对旅游文化概念的界定，并对旅游文化的类型、特征、组成要素等基础理论做了一系列研究，再到旅游文化在旅游业的作用、旅游文化的学科地位等研究，以及到现在研究比较多的各种旅游文化开发、旅游文化建设、旅游文化应用等领域。我国的旅游文化研究已经经历了从宏观层面的研究到微观层面的研究，从基础理论的研究到具体应用实践的研究，这说明我国的旅游文化研究已日趋成熟。

旅游文化的内涵概述。广义上，旅游文化是人类创造的与旅游有关的物质财富和精神财富的总和。狭义上，旅游文化主要是指旅游者和旅游经营者在旅游消费或经营服务中所反映、创造出来的观念形态及其外在表现的总和。它是旅游客源地社会文化和旅游接待地社会文化通过旅游者这个特殊媒介相互碰撞作用的过程和结果。旅游文化不是旅游和文化简单的相加，也不是各种文化的大杂烩，它是传统文化和旅游科学相结合而产生的一种全新的文化形态。既包含饮食服务、历史、园林建筑、地理、民俗娱乐与自然景观等旅游客体文化领域，又包含旅游者自身兴趣爱好、思想信仰、文化素质、行为方式等文化主体领域，更包含旅游业的管理文化、服务文化、导游文化、商品文化、政策法规等旅游介体文化。

二、旅游文化的内涵挖掘现状分析

旅游文化的内涵实质没抓住。无论是自然旅游资源还是人文旅游资源，要吸引和激发旅游者的旅游动机，就必须具有独特魅力，饱含特色的民族、地方文化内涵，以此来满足人们对科学、史学、文学、艺术和社会学等方面的不同需求。因此，旅游文化的本质特征必然要求在发展旅游业的过程中优先发展旅游文化。但是，现在随着旅游地区商业化趋势越来越明显，造成许多旅游地区的文化产品千篇一律，毫无特色可言，其根本原因是没有抓住旅游文化的内涵实质。

旅游文化的内涵无特色。旅游文化的灵魂是文化，没有文化就没有旅游。发展某些地区的旅游业是传承和弘扬我国著名历史文化的重要载体和有效形式，保护和利用优秀文化产品是发展旅游业的基本要求，挖掘旅游文化内涵，提高旅游文化品位是旅游业兴盛的源泉。旅游发达地区旅游业的收益越来越不依靠人数的增长，而来自于饱含多元文化的旅游产品和特色旅游服务。旅游与文化交融结合程度越高，旅游文化因素越多，旅游经济就越发达。当前我国大部分旅游地区的旅游产品总体上表现出小、差、弱、散的发展局面，旅游产品的文化内涵挖掘不够，景区规模小，展示方式陈旧，市场竞争力不强。旅游文化产品一般化、同质化开发现象明显。"一流资源、二流开发、三流服务"的粗放型增长方式尚未得到根本转变，具有较强吸引力的特色文化精品和高端产品较少。

旅游文化的内涵满足不了游客的需求。随着人民生活水平的逐步提高，人们越来越注重精神需求的满足。但由于旅游地区的商业化日益严重等原因，各地区的旅游景点正在逐步走向同质化，致使游客们无法体验到旅游文化更深层次的内涵。游客在不同当地旅游，无法领会到当地旅游景点的内涵，无法使游客身心放松，无法融入景色内部。

旅游文化的内涵忽略了可持续发展。在当今某些地区旅游开发中，开发商为了一时的经济效益，致使该地区旅游开发的城市化、趋同化现象越来越明显，严重忽视了旅游区当地的文化精神表现，有的甚至严重造成了旅游资源无法修复的破坏，从而致使旅游产品失去了本身特有的文化内涵和底蕴，同时也极大地忽略了当地旅游文化的可持续发展。有些开发商只注重一时的利益，而忽略了旅游地、旅游客源地区及旅游资源的文化特征，以及严重忽视了旅游者背景文化与当地旅游资源文化特征的桥梁，致使当地的旅游文化和资源严重遭到破坏。

三、深度挖掘旅游文化内涵的策略

准确实现旅游文化内涵定位。随着时代的发展，旅游业的竞争也日益激烈，已经不仅仅是价格、服务和质量的竞争了，其竞争的根本在于满足游客需求的程度。因此，为实现旅游文化满足游客需求，旅游景区必须坚持自身特色，明确自身定位，突出自身文化优势。对于一个以旅游为主要产业的地区，该地区文化的定位显得尤为重要，可以通过对该地区未来规划定位、旅游文化品牌优势、市县的历史属地关系、县域经济实力、旅游文化资源优势、历史文化底蕴、交通地理区位优势等方面进行分析和探讨，从而消除对该地区旅游文化的模糊认识，明确该地区的旅游文化定位，科学规划，努力将该地区建设成为一个高品位的富有独特文化内涵的旅游胜地。

寻找合适的旅游文化内涵发展载体。旅游文化载体是旅游文化的表现形式，它直接关系到旅游文化内涵的表现效果。从旅游者感官的角度，可以将旅游载体分为单一感受载体和多层次感受载体。单一感受载体是指那些仅仅吸引旅游者单一感官的载体，它们通常是一些静态的景观，如植物、建筑、园林等；多层次感观载体指能吸引旅游者多种感官的载体，如歌舞表演、游戏、节庆活动、游客参与项目等。这两者可根据旅游目的地当地实际结合起来表达旅游文化，提升文化主题，活用和创新文化载体。此外，还可适当开发富有当地特色的文化旅游商品。

完善彰显旅游文化内涵的配套设施。只有配套设施完善才能使旅游文化得以不断传承和发展。在旅游地区，应注重旅游交通、旅游酒店、旅行社、旅游商品、旅游通讯等设施对当地特色文化内涵的彰显。在旅游地区建设的星级酒店、经济型连锁酒店、农家乐民俗住宿餐饮集群、大型旅游餐饮服务区等，应满足游客对旅游文化内涵的需求，表现出富有当地特色的旅游文化。四川九寨沟周围的酒店很多都体现出九寨独特的藏羌风情，如九寨沟喜来登大酒店，建筑风格具有藏族风情风貌，里面的陈列品、饰品等大多都是地道的藏族物品。

不断凸显旅游文化内涵的特色。旅游文化内涵的特色是旅游业发展的常青树。一个地区的旅游业若缺少了自己本地文化的底蕴，便失去了特色，不能反映出本地独有的精神内涵，也就失去了强大的吸引力。因此，应不断凸显旅游地区的旅游文化内涵的特色，在其深度与广度上下功夫。要充分挖掘本地区最独特文化的魅力，将其不断发扬光大。杭州景点中，西湖文化最具吸引力，最引人入胜，而西湖文化的挖掘就是一个不断深入的过程。实践证明，这个过程相当成功。北京文化中，以四合院为代表的胡同文化独具一格。不仅从建筑上，而且还从文化、哲学和精神层面上具有无与伦比的现代意义，胡同文化的挖掘也是一个不断深入的过程。

实施全方位的旅游文化内涵营销战略。营销对旅游业的发展意义不言而喻。旅游文化内涵的传播也要依靠营销战略这个有力的武器。全方位的旅游文化内涵营销战略首先要找出当地特色最鲜明的文化，对其内涵着力打造，形成品牌。然后，充分进行宣传营销，尤其是借助微信、微博等新媒体之力。同时，利用好携程、去哪儿等平台。报纸、杂志、电视等传统媒体之力也应继往开来。宏观上，加强区域联合营销，共同打造富有文化内涵的特色旅游线路等产品，以节庆、会展等活动来培育、引导市场，从而使旅游文化的内涵发扬光大。西安、洛阳、开封是秦、汉、唐、宋四朝的都城，文化古迹灿若群星。在发展旅游业时，就可连成一线，形成蔚为壮观的中华古代文明黄金旅游文化线路。

通过市场化手段加强旅游文化内涵管理。旅游业的可持续发展缺少了市场，便缺少了生机与活力。市场化运作得当对旅游文化的内涵将起到积极的推动作用。在具体的实施进程中，应注意洞悉广大旅游者的需求，结合当地特色文化进行旅游产品的开发，如成都的古蜀国文化，通过金沙遗址的开放致使内涵品位得到弘扬。应积极探索旅游文化内涵管理的市场模式，成立专门的市场管理机构，建立相应的市场管理体制、机制，以强有力的市场化手段对旅游文化内涵实施管理。比如成立专门的旅游文化品牌管理企业协会，通过企业的作用使文化内涵得以保护，得以传承，得以弘扬。在此过程中，加强市场监管，走绿色、生态的旅游文化内涵可持续发展之路。

旅游文化的内涵挖掘是旅游文化得以保护、传承、弘扬的重要手段。我国目前旅游文化的内涵挖掘现状不尽人意，其根本原因在于没有抓住当地旅游文化的内涵实质，同质化严重。要深度挖掘旅游文化内涵，就应准确实现旅游文化内涵定位，寻找合适的旅游文化内涵发展载体，完善彰显旅游文化内涵的配套设施，不断凸显旅游文化内涵的特色，实施全方位的旅游文化内涵营销战略和通过市场化手段加强旅游文化内涵管理。

第七节　旅游产业与旅游文化融合研究

旅游与文化之间天然具有联系性，文化是旅游的灵魂，旅游是文化的承担者，两者只有相互融合才能焕发旅游产业发展的生机与活力。本节通过对旅游产业及旅游文化之间的融合发展展开研究，针对存在的问题从多角度提出相应的解决路径，以改善两大产业融合发展中存在的不足之处，提升融合水平。

一、旅游产业与旅游文化融合发展的意义

（一）融合发展的必然性

第一，现代产业融合发展的客观要求。当前产业经济环境下，随着经济服务化与技术更新的发展，产业融合已经成为新兴的一种经济现象，不仅能够提高产业竞争力，更能够为经济转型提供发展动力。第二，本质属性相同。从属性情况来看，旅游产业及文化产业是同时拥有经济属性、文化属性的综合性产业。从特征来看，旅游产业及文化产业也都具备创造性、地域性、传承性等特征，两大产业融合发展能够实现旅游与文化相辅相成、互动共赢。第三，产业互补。文化体验会伴随旅游全过程，随着体验经济的快速发展，文化产业需要借助载体来实现其市场价值，而旅游产业的升级，旅游者需求逐步多样化、高级化，这些都会促使旅游企业寻找突破口来迎合旅游者的高层次需求，实现跨产业合作与融合。

（二）融合发展的重要性

一方面，有利于保护及传承地方优秀文化。事实上，旅游的过程就是对地方文化的游

历体验，通过各种旅游活动能够让旅游者了解、认识地区文化及民族文化，随着旅游者的增多，地区文化及民族文化也能够得到广泛传播。依托地方独特的文化资源来实现旅游业的可持续发展，不仅能够增强地区旅游核心竞争力，更能保护及传承地方优秀文化，提高地方文化软实力。另一方面，有利于推动旅游业的优化升级。随着当前我国旅游业及体验经济的快速发展，观光型旅游已经难以适应旅游者日益提高的旅游需求。然而，现阶段许多地方的旅游产品依然是观光型产品，如果将旅游产业与文化产业相融合，利用文化来指导、包装旅游，就能够丰富旅游产品的文化内涵，进一步改善旅游产业的功能性和文化创意的附加性，进而实现地区旅游产业结构的优化升级。

二、旅游产业与旅游文化融合发展过程中存在的问题

（一）地区与地区之间竞争愈加激烈

随着当前市场从"供给时代"转向"需求时代"，地区旅游产业与文化产业融合也面临着激烈的外部竞争。第一，与周边其他类似文化旅游地存在竞争性。由于一些地区与周边地区的文化存在一定的相似性、可替代性，以河北省文化旅游产品为例，河北有金山岭长城、承德避暑山庄等，而北京则有闻名海内外的八达岭长城、故宫、颐和园等，如此一来大量游客可能会略过河北前往北京的景点进行观光，从而使许多河北客源被"过滤""截流"。第二，与国内旅游发达地区存在竞争性。文化旅游需要科学、合理地革新、定位，相比于地区之间，国内旅游发达地区能够更加科学地改革传统文化旅游，也更具有开发新颖文化旅游产品的能力。相比之下，旅游欠发达地区两大产业融合会更加保守，发展速度也会较为缓慢，缺乏竞争的紧迫感。

（二）市场化和创新力度偏低

目前，我国许多地区具有市场竞争力、规模性的文化产业集团屈指可数，虽然伴随五千年的文化发展历史，我国拥有极为丰富的非物质文化遗产，但是将这些文化内容形成产业化的却寥寥无几，有关部门及相关企业缺乏主导型文化旅游理念的指导，很难就旅游产业与文化产业的有效融合进行科学、合理的定位，从而造成两大产业融合发展缓慢。

（三）智力支撑薄弱

旅游产业与文化产业的融合引发对旅游文化复合型人才的需求。然而，在复合型人才储备方面，许多地区仍然处于劣势地位，尤其是高新技术型、产业经营型、文化创意型等人才极为稀缺。而且，由于两大产业融合发展的时间较短，许多高校并未增加相关科目，缺少专业的旅游文化产业培训机构，从而造成产业融合缺乏高素质人才储备。然而，旅游产业与文化产业融合发展的关键性因素就是人才与智力，如果智力支撑缺位，必然会导致旅游文化魅力缺失，从根源上会阻碍两大产业的有效融合。

三、发展路径选择

（一）路径分析

旅游产业与文化产业融合会形成新的旅游业态——旅游文化产业，从旅游文化产业结构情况来看，分为旅游主体结构、旅游经营结构以及旅游产品结构。事实上，不同产业存在不同的功能、特点及优势，不同的组合关系会导致融合的结果各异。具体来说，旅游产业融合与文化产业融合有五种典型的融合路径：功能融合、市场融合、技术融合、资源融合、人才融合。

第一，功能融合。两大产业都是集文化功能、经济功能于一体的综合性产业，这些功能性融入旅游产业，能够使产业更富有文化内涵，注入多样化的旅游形势，增加旅游者对旅游产品的多样性选择，有助于最大限度的发挥两大产业功能融合的功能效益。

第二，市场融合。在现今社会，旅游业具有巨大的受众市场和强大的空间拓展力，文化产业蕴含着丰富的文化内涵及新颖的时尚特色，将文化产业融入旅游产业当中，能够弥补旅游市场空隙，使旅游产业市场发展有了现实路径。例如，将地区文化产业示范基地尽可能的分布于知名旅游景区线路附近，像军声砂石画院就是分布在张家界旅游区，这样游客在购买文化产品的时候通常也会去旅游区进行参观，以帮助产业彼此市场的扩充和发展。

第三，技术融合。旅游产品创新需要技术手段作为支撑，而当前文化产业的发展已经具有明显的技术资源优势，将两大产业进行融合，必然能够提高旅游产业的技术水平，优化产业结构。例如地区政府为发展地区旅游业而筹办乡村音乐节活动之时，可以引入当前最先进的物联网技术、安全技术、环保技术、纳米技术等高新技术成果，借助高新技术实现文化产业与旅游产业的融合发展。

第四，资源融合。利用文化产业中的创新意识和技术能力能够转化许多新型旅游产品，实现旅游者更高层次、更多元化的旅游需求，利用旅游产业能够为文化产业提供极为丰富的旅游资源，为文化产业发展开拓了新渠道、新空间。例如借助土家族、瑶族、苗族等50多个少数民族的浓郁民族风情设计民族文化旅游产品；借助风雷激荡的红色文化设计红色文化旅游产品；借助古今名仕设计名仕文化旅游产品等。

第五，人才融合。人才是区域文化产业与旅游产业融合的推动力和主力军，两大产业的融合会使越来越多旅游专业人才在文化产业相关部门就业，而文化产业专业人才也会逐步注入旅游行业进行就业，从而通过产业的融合发展，产生更多文化—旅游复合型人才。

（二）推进发展的具体路径

1. 制定科学发展规划，突出发展优势

各地区政府及有关部门应对地区旅游资源及文化资源的范围进行有效梳理、合理规划，坚持以科学发展观的态度做好两大产业的整体规划，要确保产业之间的相互协调，杜绝盲目、低水平的开发，打造精品旅游文化产品，突出地区优势（即根据地区特色突出"古城文化""红色文化""宗教文化"等），将历史文化与人文景观进行有机结合，以整体提升地区形象和旅游文化品位。

2. 搞好文化营销，培育新兴市场

第一，打造主题文化旅游节。要充分依托地区独特的风土人情、传统文化、传统节日等来壮大文化旅游，例如葡萄节、滑雪节、森林文化节等，因地制宜拓展相应的旅游特色项目及旅游活动，包括攀岩、露营、滑雪、漂流、摄影、绘画写生等，并可以辅助开展摄影大赛、展览、旅游发展论坛等，以多角度、多层次的展示、宣传地区文化旅游资源，实现地区文化旅游的快速发展。第二，加强旅游宣传促销。可以借助国内主流媒体或权威媒体，通过广告推介的形式让更多潜在旅游者了解特色文化和相关旅游产品，继而吸引其前往旅游和体验。第三，利用网络媒体壮大旅游电子商务。顺应时代发展潮流，最大程度的利用网络技术扩大营销，提高技术的旅游服务能力，例如构建旅游电子商务系统、建立旅游论坛、推送旅游信息资讯等，为国内外游客提供全面的旅游文化指南。第四，培育新兴旅游市场。为最大程度留住地区特色的城市历史记忆，必须要开阔视野，发散思维，深入挖掘城市文化资源，实现旅游开发从粗放型向集约型转变。

3. 强化复合型人才队伍建设

第一，优秀人才引进工程。加强学科建设，优化课程设置，在各大院校开设相关专业课程，重视产业融合复合型人才的基础教育。第二，为相关人才之间技术、经验交流创造平台。可以通过交流会、研讨会、访谈会等形式吸引国内外相关人才、学者学习、消化、吸收相关知识及先进经验，并实现文化旅游产业的再创新。第三，估计相关组织开展复合型人才在职培训和继续教育，以促进科研与产业的良性互动。

第五章　旅游文化传播的理论研究

第一节　乡村旅游文化传播

随着现当代经济的飞速发展，人们的经济水平度大幅度提高，生活的质量也越来越高，现当代人们面对着快节奏的生活当闲暇之余也越来越希望可以通过某种方式来方松自己疲惫的身心，旅游业也随之兴起。而乡村旅游作为旅游业的一个分支，因为具有独特的乡村文化，美丽的自然风光，和消费价格相对低廉的特性下迅速崛起，乡村旅游的发展业会带动乡村经济的飞速发展。但是如果与其他的旅游业一样，仅仅是让游客来这里吃，喝，玩，乐，不带有自己村落的特色，久而久之业处于一个停滞不前的发展其前景甚至会大幅度后退，因此在如何打造自己村落的旅游文化上和如何更好地对外传播自己村落的文化成了当下热点问题之一。

针对乡村旅游的发展得特点、发展的基础与发展的态势，乡村旅游业得发展不仅仅可以带动村落得经济发展，而且还可以解决当地很多村民得就业问题，并且可以留住一些青年人在村落发展，为村子的后续壮大提供强有力的保障，并且在国家对农村扶贫的政策上也有很深远的意义，也可以通过旅游的方式让更多的人了解村落的传统文化，因此如何做好乡村旅游文化传播的工作就具有了十分重要得理论意义与实践价值。

一、强化传播意识

强化乡村旅游文化传播意识村委会应该以身作则担得起重任，学习其他较为成功的城乡旅游传播策略，深入了解城乡旅游业可以为乡村经济发展带来的巨大优势，将固有增长乡村经济发展的传统模式上学习新的思想。与此同时，村委会应组建强化村民对旅游文化传播意识增强的专项小组，对如何提高乡村居民的对外传播意识做出整体规划，定期地对村民组织文化学习，邀请旅游业较为发达的其他乡村干部到本村落进行演讲和宣传，强化村民对自己村落的旅游文化意识与村民形成对外传播共识，在与村民达成旅游文化对外传播共识时也应为村民制定一些相应的传播任务，利用网络和媒体对自己村落的旅游文化对外传播，例如转发朋友圈，贴吧发帖，公众号转发等，通过这些不断加强村民的传播意识，为乡村旅游文化传播奠定良好的基础。

二、搭建传播平台

新媒体平台刚刚出现，村民百姓对其了解不够深入，接触的次数不频繁，同时由于我们的宣传力度不强，范围不广，涉及群体不够丰富，以及我们的村民文化知识水平不高，整理素质偏低，这对我们乡村文化的发展和传承产生了不利的影响。在传播过程中存在有些村民在利用新媒体平台进行乡村文化交流与传播时，对各种信息的来源、真实性缺乏有效的辨认，对冗杂的信息缺乏筛选。也有部分新媒体平台为了吸引大家的关注，迎合受众，不惜夸大信息甚至传播制造虚假信息。

受众的媒介素养提升并非一蹴而就，单纯地靠大家自发学习与自我提升是不现实得，必须依靠政府部门、文化教育机构、网络宣传部门等各方组织得共同努力来积极推进。个人觉得可以通过以下几个方面来调整：通过开展基本得培训帮助村民认识新媒介，掌握新媒体信息传播得规律与特点，可以录制一些网课、宣传片在滚屏上循环播放，制作并发放一些宣传单、定期推送相关公众号帮助村民提高鉴别新媒体信息得真伪，还要注意提高他们过滤负面信息的能力，避免村民被新媒体信息得负面影响危害。可借助"大学生暑期社会实践三下乡"活动，政府机构以及高校团委通过开展媒介下乡服务农民活动，为村民营造良好得媒介环境，促进乡村的文化地传播与发展力。

三、培养传播人才

在现当代的新媒体环境冲击下，原有的传播手段，传播人才也面临着新的考验，尤其是在乡村青少年较少的情况下，新型的传播人才越来越少，新老更替的速度缓慢，所以在此环境下的传播人才培养就显得尤为重要。新的传播人才应该在其传统上的采、写、编、评、摄的基础上掌握更多的技能，要学会运用互联网，公众号的制作，后期的剪辑等多项技能。这样的人才如果单靠村民自学根本无法达到预期效果，所以村委会也要根据本村的情况向其政府争取资金投入来培养此类的人才，组建对外传播人才小组，将其细致划分，分别培养写作方面的人才，摄影方面的人才，后期制作方面的人才，互联网运营人才，新媒体运营方面的人才等等，对其定期地进行组织培训，外出学习，提升团队的综合实力，同时还要让他们密切的了解本村的发展动向，让对外传播的效果最大化。

四、丰富传播手段

乡村文化在传统媒体的带动下，近年已有了不俗的起色，但是鉴于时代的发展，新媒体技术日新月异，以传统纸媒，广播，电视等单一形式的传播手段，已经确保不了乡村文化的有效传播。而新媒体技术则有很大不同之处，通过图文并茂，声色俱全的新媒体传播形式，能将乡村文化更好的、更真实的传播出去。至此，乡村文化不再偏安一隅发展，而是通过多种数字化新媒体传播手段进行世界性文化流通与交流，从根本上改变了乡村文化传播手段单一，传播速度缓慢的基础问题。我们可以在各大视频网站中开辟出新的版面——"民俗文化"版面，将各种民俗文化的技艺手法全方位角度拍摄制作视频短片，上传网络，进行文化传播。从此学习者们可以不必跋山涉水来到当地，而是可以对自己心驰神往的技术进行一遍遍的分解学习，更有利于学习这种技艺。这种方式方法既方便了大家，更能对传承文化起到重大作用。

第二节　数字媒体艺术下的旅游文化传播

旅游业的发展离不开旅游地的旅游文化，依靠一定的途径进行传播，这样旅游文化才能得到有效地释放。随着信息时代的不断发展，旅游文化的传播对数字媒体的依赖也越来越大，因此必须积极探索新的传播方式，顺应信息时代发展的潮流，促进旅游文化的健康传播。

一、数字媒体艺术的特征

随着计算机技术的发展，多媒体技术开始逐渐利用计算机技术，这样就形成了数字媒体技术，逐渐影响了艺术的发展，而且数字媒体艺术生命力抢进，表现出了广阔的发展前景，影响了整个社会公共媒介的发展，成了重要的传播媒介。数字媒体艺术属于视听领域内的艺术形式，有如下几点特征：

独特的创作工具。数字媒体艺术是媒体技术与艺术的有机结合，是一种特殊的艺术形态，其创作过程伴随着技术性的操作，同时也有艺术审美的要求。数字媒体艺术的创作和展示都依赖于计算机，同时与互联网也密不可分，并且随着计算机和网络技术的发展，数字媒体艺术的创作水平也在逐步提高。

强大的交互功能。数字媒体艺术的作品需要观赏者的参与才能完成浏览，可以说，数字媒体艺术作品是在观赏者的控制中实现自身价值的。例如，在网络游戏中，只有通过玩家的点击参与或互动才能构成一个虚拟的世界，才能体现其交互功能。

多样化的呈现方式。计算机的出现打破了传统的材料和技术分类，产生了数字媒体这一新的呈现方式。在计算机的处理下，声音、图像、文字等通过数字语言的融合，形成了多样化的呈现方式。并且在艺术家的想象中，媒体呈现出了与人们的生活息息相关的现象，使得作品更加生活化、艺术化。

广泛的题材。传统艺术以客观世界为基础，所依赖的是现实存在的物质，如绘画、摄影等。然而，数字媒体艺术的发展方向是面向未知世界的，借助高超的技术手段，数字媒体技术的题材更多的面向了宇宙、文明等超前的世界。

人人皆可参与传播。传统的传播方式使得很多单向传播的作品被埋没，而在数字媒体艺术下，人人皆可参与传播，可以自由选择传播途径，自由修改、删除作品，为人们提供了更加广阔的参与平台，实现了艺术创作和传播的平民化。例如，互联网上的论坛、微博等，都是人们在数字媒体艺术的支持下所创作出来的大众文化，适应了人们的生活方式，体现了民主化的特征。

二、数字媒体艺术对旅游文化传播的影响

传播和受众关系的转变。在文学作品中，作家所写的只是单纯的文本，只有读者参与到解读中，作品才能真正实现永久的价值。正如旅游文化的传播一样，受众对旅游消息的要求为内容真实、生动等，在数字媒体艺术的支持下，受众能够积极参与到传播中。传统的旅游文化的信息主要依靠电视和平面媒介，受众只能被动接受，属于灌输式的传播方式，忽视了受众在信息传统的主动性。数字媒体艺术下的旅游文化传播使得传播效果更加，受众能够根据自身的需要选择旅游文化信息。因此，在数字媒体艺术下，必须考虑旅游者的需求，以多元化的表现方式吸引受众参与到旅游文化的传播中，提升旅游文化的影响力。例如，有的旅游信息网都有游客交流区，游客能够在社区内交流旅游体验、发表意见和建议等；又如有的省市旅游局开通了微博，发布信息，加强与游客的交流，从而提高了旅游文化的影响力。

传播形式逐渐增多。数字媒体艺术为受众带来了丰富的视觉和听觉体验，从而提高了传播效果。数字媒体艺术合理地利用了数字技术，提高了旅游文化的视觉和听觉的表现力，满足了人们的审美需求。在旅游文化的传统过程中，传播者如果能很好地利用文字、图片、视频等形式，会给人们带来全方位的体验，其传播效果会更佳。例如，有一段介绍丽江泸沽湖居民"走婚"的微博，不仅有文字描述，而且有图片，吸引了"粉丝"的关注和转发和评论，实现了有效的互动传播。

新旧媒体的整合。一方面，多媒体逐渐整合。传统的文化信息传播主要依靠报纸、书籍、广播、电视等，受时间和空间的限制，传播的信息量有限，而且有一定的延迟性，已经不能满足信息时代的要求。数字技术的发展使多元化的媒体共同传播旅游文化，例如，旅游网站整合了传统媒体的信息，为受众提供了丰富的旅游文化信息。另外，受众也可以自由选择旅游文化信息，但每一种传播媒体都有一定的缺陷，因此，必须将多种传播媒体整合起来，这就是数字媒体。数字媒体整合了多种媒体，打破了时间和空间的限制，同时也给了受众者充分的自主性。

另一方面，新旧媒体的共同发展。新媒体的产生并不意味着旧媒体的消失，新旧媒体还会并存。随着数字媒体的兴趣，旅游文化逐渐从电视、报纸等转向网络传播。网络中存在着巨大的受众群体，为旅游文化的传播提供了广阔的空间，开创了旅游文化传播的新纪元。但由于受众者的多元化，传统媒体仍有很大的存在价值，新旧媒体在交融中发展，逐

渐朝着综合性的方向发展。

传播效果的强化。在数字媒体艺术下，旅游文化的传播形式和方式对受众的心理产生了巨大的影响。一方面，生动有趣的形式使旅游文化信息受到了关注。旅游文化的传播内容必须是受众喜欢的，旅游信息也要生动有趣。数字媒体艺术凭借计算机技术，综合文字、图像等媒体，给旅游者提供营造了生动的环境，让旅游者更好地理解了旅游文化信息，刺进了旅游者的旅游欲望。另外，数字媒体依托网络资源，超越了时间和空间的限制，为旅游者提供了海量的旅游信息，旅游者能够自主选择。另一方面，多元化的设计使旅游者能够更加深刻地理解旅游信息。由于受众者的文化、年龄、学历等存在巨大的差异，他们对旅游文化信息也存在不同的理解。数字媒体艺术依靠数字化的设计为旅游者提供了丰富的旅游文化信息，激发了旅游者的参与热情。例如，一些人文景区利用多媒体技术将原本枯燥的、静态的旅游景点变得生动起来，使受众者不仅能够观赏自然美而且还能感受内涵美，提高审美境界，有助于受众者更好地理解和传播旅游信息。

三、数字媒体艺术下的旅游文化表现形式

数字影视。随着数字技术的发展，影视制作的水平不断提高，通过数字影视能够将旅游地的自然景观、人文景观，生动地展示给受众者，从而激发人们的旅游兴趣，促进了旅游地旅游业的发展。旅游文化资源不仅包括自然旅游资源，还包括人文旅游资源，如果想包揽旅游文化，需要花费很多的时间和金钱，而通过影视作品则能够浏览世界各地的旅游文化。数字影视从前期的制作到后期的声像处理，到最后的压缩保存以及画面的展示，都实现了数字化或部分数字化，使旅游资源生动形象地展示在了旅游者面前。

数字网络。在数字网络中，通过对旅游文化的多彩设计，使旅游者提高了注意力，实现了旅游文化的有效传播。在文字方面，传统媒体一般文字规范，而在网络中，网络语言有较强的口语性、随意性，有的游客在网上分享了旅游体验，其他人很容易产生共鸣，体现了大众化的特点。另外，图片也能够刺激游客的旅游欲望，随着数字技术的发展，旅游摄影成为旅游活动的重要组成部分，人们能够通过图片分享旅游体验，使"凝固记忆"传授给旅游受众，成为旅游文化的重要传播媒介。此外，在旅游网站上，设计者设计了个性化的导览，能够通过点击实现快速浏览旅游景点。在传播形式上还有数字游戏、数字博物馆等，都利用了现代数字技术使旅游文化的展示和传播更加便利。

随着信息技术的发展，数字媒体艺术在旅游文化中的传播展示了更大的价值，在传播形式上、传播媒体和传播效果上都展示了巨大的优势。数字媒体艺术不仅提高了旅游文化信息的质量，满足了受众的需求，而且运用现代数字也能促进旅游文化资源的可持续发展。

第三节　城市文化旅游的创意传播

发展城市文化旅游、打造一个城市的文化和旅游名片，是很多城市的发展愿景，这需要政府、旅游景点、旅游企业的共同努力。城市文化旅游可以从三个重要方面推进：通过打造 IP 促进内涵与形象的一体化，提升旅游产品的体验性，运用好新的传播形式和新媒体平台。这三者的有机结合构成了一种内涵与形象一体化的体验性创意传播模式，新模式对于文化旅游的提升和发展有重要的推动作用。

旅游有多种形态，既有传统的自然景观、人文景点的观光旅游，也有文化主题公园的旅游、休闲度假式旅游、活动旅游、研学旅游、商务旅游等新形态；宽泛地说，只要"走出去"的行为消费都可以算作旅游。旅游这个概念已经超越了传统的观光，进入了新的发展阶段。一方面，旅游的产业链延长了，旅游囊括了"食住行，娱购游"的方方面面，涉及越来越多的不同行业，并且它所能包含的内容和涉猎的领域仍在进一步拓展。另一方面，旅游与文化融合是一个明显的趋势，旅游逐渐提升为文化旅游，无论哪种形态的旅游都在提升其文化内涵和文化属性。

城市文化旅游是围绕一个城市展开的文化旅游，其发展目标既要打造文化城市，也要打造旅游城市，也就是要打造文旅融合领先的城市。推动城市文化旅游的主体可以是景点、企业、也可是政府。旅游是一种"溢出型"的商业模式，旅游带来的收入并不集中于某一个单独的项目，而是会溢出来流入别的产业环节之中；具体旅游项目作为一个个关键点，它的发展会自然而然地带动整个产业链的发展。以景点为例，景点会收取门票，景点内部可能有表演、旅游纪念品等收入来源，而由景点带动的交通、住宿、餐饮等花费则会流入产业链中的其他环节。因此，从政府的角度看，城市文化旅游是带动城市发展的重要产业；而对于旅游企业来说，一方面应尽量地延长自身所能涵盖的产业链，另一方面应积极融入城市文化旅游的大链条之中，珍惜政策支持和行业资源所提供的助推力。

要做好城市文化旅游，既要求一个城市具有丰富而优质的文化旅游产品，又要求采用先进而有效的对外传播手段；中国大部分城市目前在这两方面的工作都有很大的提升空间。笔者认为，中国城市文化旅游应探索一种内涵与形象一体化的体验性创意传播模式。

一、促进内涵与形象的一体化

城市文化旅游的立足点是优质的文化旅游产品，文旅产品要对别人具有充分的吸引力，不但需要在文化旅游的内涵和形式两方面下功夫，还要能将其打造成一个具有品牌形象的、利于对外宣传的整体。具体来说，在产品设定、内容提升、形象宣传的层面都可以融合 IP 的打造，即以一定的 IP 为核心，将产品与文化、内涵与形象融合在一起，进而形成一系列的品牌性 IP。

　　IP 是英文 Intellectual Property 的缩写，指具备知识产权的创意产品，"主要由著作权、商标权、专利权三个部分组成，包括音乐、文学和其他艺术作品，发现与发明，以及一切倾注了作者心智的词语、短语、符号和设计等被法律赋予独享权利的知识产权"。城市文化旅游可以从故事 IP、形象 IP、产品 IP 和企业 IP 这四个部分着手，以四个 IP 来表达城市文化内涵和形象，并作为可体验性的旅游产品和衍生品的 IP。城市文化有大量的内容值得挖掘，包括历史故事、重大历史事件、文化起源、名人、掌故、商帮、书画、习俗、传说、诗词、美食、书院、陶瓷、园林、古镇、大运河、长城、小说、戏曲、曲艺、非遗等等；但要将其变成可以宣传推广的旅游资源则需要进行一定的转化。城市文化旅游可以借鉴文化产业打造 IP 的方式来整合历史文化资源：通过讲故事等形象化的方式，把散乱的文化要素连贯起来，给传统艺术赋予新鲜性和趣味性，并将遥远的古人的生活场景、文艺作品、传奇经历等内容以真切感人、风趣幽默、神秘莫测等不同风格和多样形式再现出来；在重塑和再现的过程中，这些城市文化资源既可以形成独特的、可持续的故事 IP，也可以根据故事中的人或物形成独特的、有传播力的形象 IP。IP 同时可以作为品牌和城市旅游产品（例如特色工艺品、礼品、吉祥物、伴手礼等等）的载体，每个 IP 的系列产品都可以开发相应的衍生品。

　　基于四个 IP 的系列化表达，每个城市的特色文化都可以做很多个内涵和形象结合的系列产品，形成多个不同层次、不同属性的 IP。城市通过 IP 来融合内容与形象，将其构建成一个独具魅力的整体。对于致力于发展文化旅游的城市而言，还可以考虑用四个 IP 做城市文化体验中心：一方面把城市的故事 IP 和形象 IP 在互联网上传播，把产品 IP 和企业 IP 作为延伸传播的载体；另一方面建设一种地标式的城市文化体验中心，开发极具互动性、体验性的文化旅游体验消费的场馆和旅游产品开发的商城，将城市文化体验中心打造为旅游目的地。笔者在后文会进一步分析城市文化体验中心。

二、提升城市文化旅游的体验性

　　现在的旅游非常方便，不论是交通方式还是咨询获得都很便利，但如何能让消费者选择去一个城市旅游，甚至愿意反复去同一个城市旅游？体验性是一个至关重要的因素，好的体验值得反复回味，不仅能让游客觉得不虚此行，还能让他们愿意分享给别人，甚至愿意再一次来感受这种体验。要提高城市文化旅游的体验性，除了要考虑前文涉及的文化内涵的挖掘和用讲故事的方式呈现之外，还可以用融合科技手段、开展活动经济、打造城市体验中心等方法来提升体验性。

（一）融合科技手段

　　文化旅游和科技的融合是未来的发展趋势。科技手段让内容的呈现更为丰富多彩，比如做《西游记》的舞台演出，以前表现力是很有限的，但现在孙悟空的金箍棒可以在现场用虚拟的投影装置使它变长变短、消失或重现，像变魔术一样，可以更为有力、更为直观地呈现很多内容，增强表现力和互动效果。再比如旅游景点要宣传当地的文化故事，可以用虚拟的影像表演，还可以请虚拟歌手来开演唱会等等。未来，虚拟表演在旅游演艺中占的比重可能会越来越大。

运用高科技设备可以直接增强体验感，包括声光电的控制，运用 VR、AR 技术做沉浸式的体验和互动游戏，等等。科技和旅游的结合还可能催生导游机器人或者陪伴机器人，机器人可以给游客提供各种辅助服务，随时随地提供讲解，甚至陪游客一起玩互动游戏……科技表达的方式越来越多，文化旅游与科技相结合能够创造出各种好看、好玩的东西，文化旅游与科技的融合会极大地提升城市文化旅游的体验感和吸引力，推动整个文化旅游产业创新升级。

（二）开展活动经济

活动经济是文化活动拉动的经济，"是指人为地创意、设计及组织的各种活动（包括商业论坛、培训教育、展览、演出、体育、节庆、观光和娱乐体验等），以及通过上述活动所带来经济上的消费收益"。活动经济是以一种主题性的活动来带动一个地方旅游的经济形态。比如足球世界杯就是一种文化旅游，很多球迷会专门去莫斯科看足球比赛，自然顺便也带动了目标城市的交通、住宿、餐饮和旅游业的发展。波士顿的马拉松，巴黎的汽车、航空和农业三大会展，拉斯维加斯的世界计算机大会，都是以一种大型活动带动整个城市的旅游的方式。

以一定活动为内容的旅游本身就带有比较强的参与性，如果活动本身的文化属性比较强、与城市文旅项目搭配得比较合宜，活动就能极大地提升文化旅游的整体体验。很多中国传统的节庆活动都可以被改造成文化活动，但需要加以现代化、时尚化的改造，并结合年轻人所喜欢的元素。摄影文化节、影视文化节、动漫文化节及音乐节等各种文化活动，也都有很好的表达性与参与性。这些文化活动并不需要大型比赛或展会所需要的大规模场馆设施，还可以与文旅项目形成一种互相烘托得效果。比如广西壮族自治区的"三月三"文化节活动，就是以组织活动的形式来推广旅游：将富有地方特色的民俗文化、艺术、摄影及美食文化活动等搬上新媒体，通过网络传播吸引游客；鼓励游客在参与活动时用手机进行拍摄记录，并上传到社交平台上；通过线上线下的互动来赢得更多关注，增强活动的参与性和趣味性，进而推动更大规模的传播。需要注意的是，城市文旅项目做文化活动需要内涵网红（实力派网红）和 IP 的带动，并且需要一定的规模才能吸引人们的关注。故事 IP、内涵网红与活动应该相辅相成，不是"旅游遇见文化"，而是通过旅游来体验文化，通过文化来创新旅游。

（三）打造城市文化体验中心

概括地讲，城市文化体验中心是用传统文化做一个有旅游价值的文化地标。外地人想了解一个城市就到这个地方来，他可以在文化体验中心了解、体验一个城市最全面又最具代表性的自然与人文特质，体验完以后再根据内容的引导和自己的爱好去选择后续要去的其他地方。城市文化体验中心大体上能把一个城市想表达的城市特点、主要历史故事、文化艺术产品、旅游产品都呈现出来，是一种浓缩的、具有体验性的文化展示中心。

城市文化体验中心其实是一个复合商业模式，它要通过对城市文化的挖掘，用故事性和形象化的方式呈现历史与文化内涵，并要融合 IP 的打造使之具有可识别性和可持续性；城市文化不但要在现实的体验中心中呈现出来，还要加上衍生品的开发、销售以及互联网传播，城市文化体验中心实质上包含了从文旅内容打造到衍生品销售的整个产业链。一个城市文化体验中心里面展示的所有产品都应当是有品牌、有 IP 的；即使是农产品，也应是有特色的、进行了品牌化和 IP 打造的农产品。城市文化体验中心现场体验的运营收益可能并不太高，但是结合互联网传播、结合文创电商和衍生品开发，就会有非常可观的收益。好的城市文化体验中心不仅是文化地标，还是一个城市对外宣传的文化名片和旅游目的地，能够对城市的整体文化旅游起到提振作用。

城市文化体验中心可以融合城市文化旅游 IP 的打造，并且将上述的科技融合与活动经济都囊括进来。城市文化体验中心可以直接展示本地特色文旅项目；可以放映本地文化旅游创意影视作品、动漫、微电影，进行各种真人演出及虚拟演出；可以通过虚拟现实和增强现实技术，打造沉浸式体验、互动式体验、场景体验等项目；可以做科技体验馆，让孩子们过来研学，以体验的方式进行科普教育、国防教育；可以举办摄影、影视、动漫、音乐、艺术等各种文化节或文化类比赛；还可以把各类实地体验和文化活动进一步制作成微电影等创意作品在网络上进行传播，进一步扩大宣传。

三、发展新的创意传播模式

城市文化旅游内涵与形象创意传播的载体是互联网平台（互联网平台指大媒体、大社区、大卖场的一体化）、影视、摄影、写生、动漫、游戏等，可以说，各种文创产品都能成为城市内涵和形象结合的创意载体。"文化＋科技＋互联网＋旅游"的产业融合是城市文化旅游融合发展的新特点，也是催生城市文化旅游内涵与形象创意传播的新路径。

（一）影视和摄影

城市的影视和摄影是城市内涵和形象的基本呈现方式。影视带动旅游有很多的先例，比如《冬日恋歌》电视剧带火了韩国的济州岛，韩国、中国和日本的很多粉丝都会专程去济州岛旅游；电影《少林寺》对少林寺旅游有明显的带动效果；《我的团长我的团》带火了腾冲的温泉旅游；电视剧《三生三世十里桃花》热播，很多人就想去拍实景的地方旅游。这些影视带动旅游的例子存在一定的偶然性，因为要拍一个大片或者大制作的影视剧，对于景点来说是很难实现的。现在可以用短视频的方式来带动旅游，不过现在的短视频往往只是拍出来了一些场景，缺乏历史文化内涵，也缺少内容和故事的支撑。短视频要有传播力、能吸引人，就不能仅仅靠影像画面，还需要有故事、有内容。接下来应该用系列微电影的方式来做城市的旅游产品和形象宣传，微电影通过指定故事发生的场地、植入产品广告就可以跟城市合作，把城市文化讲得既有故事又有情怀，从而带动文化旅游及其相关的文创衍生品销售。

摄影常被看作一种外在传播手段，其实大咖的创意摄影也是一种具有体验性的内涵传播途径。比如以杭州西湖为主题的摄影大家顾勇，他每天在西湖寻美，花了 30 多年拍摄西湖风景的日夜交替、四季变化，有几十万张非常珍贵的照片，每一张都是一场真正梦幻般的"印象西湖"。各界的人们看顾勇的摄影，不仅能感受到西湖"淡妆浓抹总相宜"的韵味，而且会因摄影作品产生去旅游、体验、摄影、拍婚纱照的冲动。摄影作品的魅力让人们对西湖产生了新的理解和期待——"什么时候能感受到、体验到顾勇镜头下的印象西湖？"所以说，具有艺术性的大咖创意摄影比网红更能实现内涵与形象的创意传播。

城市的文化内涵和城市形象的创意传播主要侧重于 IP 传播、品牌推广和以创意吸引游客眼球的各种活动，它们和城市特色风光或城市文化内涵应融贯在一起，总的来讲，我们在设计旅游产品时应当注意内容的选材和取舍，要突出特色、点亮精彩。

（二）新媒体平台

旅游项目最重要的就是旅游传播，目前旅游传播最大的一个问题是只传播旅游景点，并没有传播旅游产品。大多数旅游项目只做了观光、门票、广告等直接的旅游消费部分，没有做其他的延伸部分，而互联网特别适合做延伸的部分。

现在，新媒体平台在旅游领域产生了非常大的影响。新媒体平台的很多网红都专门给旅游产品做宣传，同时自己也从事电商经营活动。以后会有越来越多的公司利用新媒体平台来运营线下的旅游景点，因为今后的一个趋势就是所有东西都要搬上互联网。有些新媒体平台自己没有固定的项目，但是可以把别人的项目都变成自己的分成项目，这样一来一统江湖的可能性就很大。比如民宿一般都通过互联网平台揽客，互联网把价格提上去，民宿的盈利就会大受影响。可见，新媒体平台在旅游中发挥的影响越来越大，对线下的控制力也在不断增强；从长远来看，把自己的项目完全交给别人的线上平台运营并不是很保险的做法，最好是自己能联通线上线下，拥有自己的线上平台，哪怕只是个小平台。

大的旅游公司或者大的旅游景点需要有自己的平台，需要做自己的新媒体建设。新媒体建设的 个重要方向是"新媒体＋网红＋内容营销"，这是下一步旅游发展的方向。旅游产业结合互联网会产生比较好的效果，一方面是因为互联网这个平台除了传统的经济服务以外，深度的开发刚刚开始，在互联网上做旅游有很大空间等待挖掘；另一方面是因为线上旅游平台对吸引流量非常有益，原来传统的旅游是靠天吃饭，现在的旅游完全靠人吃饭。如果能在互联网上做出业绩，吸引到更多的人来实地旅游，在线下做体验中心又能把人留住，就等于开启了旅游的新时代。这方面的工作能够创造非常多的价值，不仅对于一个项目，而且对于整个城市的文化旅游都有促进作用，因此政府在这方面也很愿意投入支持的；或者倒过来说，只要做出一个好的项目，政府就会带队来考察，主动提供各种支持，甚至会以该项目作为城市形象的一个宣传亮点。

城市文化旅游围绕着一个城市的文化和旅游而展开，以文化提升旅游，以旅游体验文化。景点、旅游企业、政府都是城市文化旅游建设的主要参与者。不论是以整个城市为主体进行通盘考虑，还是从单个旅游项目的角度出发，都需要在内外两方面下足功夫，即做好城市文化旅游，既要有丰富而优质的文化旅游产品，又要有先进而有效的对外传播手段。

文化旅游本身就是一种体验性消费活动，其内在提升的一个关键就是产品本身的提升。对于内在的产品来说，在产品设定、文化挖掘、内容提升方面可以结合四个 IP 来运作，通过 IP 促进产品的内涵与形象的一体化，进而发展成具有传播力的品牌 IP。内在提升的另一个关键是其体验感，不仅可以通过内容提升来提高体验，还可以用融合科技手段、开展活动经济、打造城市体验中心等方法来提升体验性。IP 融合的内涵与形象的一体化，以及通过各种方式提升文化旅游的体验性，不但强化了内在的品质，还使得文旅项目更具有传播属性。运用影视、摄影、短视频、微电影、动漫等新的传播形式，在互联网新媒体平台上进行创意传播，对于具体的旅游项目和城市的整体文化旅游都有巨大的促进作用。内涵与形象的一体化、体验性的提升、运用新的传播形式和新媒体平台，这三者的有机结合构成了一种内涵与形象一体化的体验性创意传播模式，这也是未来城市文化旅游发展的一个新方向。

第四节　中国旅游广告的文化传播

为了更好地促进中国旅游行业的可持续发展，采取有效的旅游广告文化传播手段和策略非常重要。文化传播过程中总结出的地域、景观、主体文化定位策略，以及旅游广告的整合营销传播策略，都有着良好的传播效果。而旅游广告业文化传播更有助于旅游广告文化传播力的提升，其中包括历史文化、民族与民俗文化以及红色文化的传播。

近年来，我国旅游业发展十分迅猛，不仅在亚洲取得了理想的发展成果，且逐步实现了世界旅游强国的跨越。对于某个地区旅游资源的宣传，主要是通过旅游广告的方式实现的，当前游客对旅游文化提出了更多的要求，中国旅游广告对各地旅游文化的宣传发挥重要作用。由于旅游文化的类型存在一定差异，因此，需要从不同角度开展旅游文化宣传，本节主要对中国旅游广告的文化传播进行探究，以此为促进中国旅游业的良好发展提供一些参考。

一、相关理念的概述

（一）旅游广告

当前理论界还没有对旅游广告进行界定，其所谓众多广告类型中的一种，对促进旅游业的发展发挥重要作用。旅游广告是指通过采取有效措施使游客产生前往旅游区的想法，这里的措施是指信息传递活动，主要是由旅游企业来实施的，以此为达到促销旅游、吸引游客参观旅游的目的。也可以说，旅游广告是指旅游经营者为了达到促使消费者发生旅游行为，而借助大众传媒，通过付费的方式向消费者传播旅游产品与服务信息，是一种商业宣传活动。从旅游产品的构成来看，旅游广告的类型较多，从旅游广告传播媒体的角度来分类，包括旅游产品广告、旅游目的形象广告等；电视旅游广告、互联网旅游广告。

（二）文化传播

文化传播是指通过采取有效措施对相关文化进行传播，使更多人了解这种文化内涵；开放性、融合性、多元性是文化传播的主要特点，是建立在文化积淀的基础上，文化的形成与多个因素有着密切联系，包括当地区域发展、历史文化、人文地理等；与此同时，人们的思想意识形态、观念的形成也会影响文化的形成。比如，佛教自从传入我国之后，其与中国哲学史相融合，对促进我国哲学史、文化艺术发展发挥重要作用；我国古代思想意识受到佛教影响的经典范例包括敦煌壁画、大足石刻、庙宇修建等文化形式。

二、旅游广告的文化传播策略

（一）定位策略

地域文化定位：旅游资源、旅游线路是旅游产业的核心产品，游客在了解旅游地相关信息时通常是采取旅游广告的方式，比如，通过旅行社、新闻图书、网站视频等传播新媒体。将旅游地的核心文化作为广告策划的主体是旅游广告地域定位的主要形式，其目的是为了达到旅游文化品牌知名度的提高效果。比如，"中国杭州——平静似湖，柔滑似丝"，将杭州这座城市的恬静之美、雍容华贵的特征呈现出来，同时双关历代文人墨客雅好的西湖景点和杭州丝绸；"上有天堂，下有苏杭"将"苏杭"的美景通过读者想象再现脑海，唤起读者旅游内驱力，这就是通过地域文化定位旅游广告文化的典型例子。

景观文化定位：景观文化定位与地域文化定位有着相似之处，旅游地的重要旅游资源包括景观文化，虽然游客前往某地区旅游的目的有所不同，但是欣赏当地的美景，品味当地的景观文化是游客的共同目的。因此，景观文化定位在旅游广告中也是不可忽视的部分，是打造品牌旅游线路的有效措施。比如，在非典时期，电视台播出了海南岛景观文化广告片，湛蓝的海水，明媚的阳光，一群青年小伙子在洁白的沙滩上自由自在的奔跑，与此同时，广告片还配上了一段广告词：要想身体好，请到海南岛。将海南的景观与广告词结合起来，让观众感受到海南这座城市的美丽景观、气候，了解该地区的地域特色景观文化。

主体文化定位：突出旅游地的主体文化是旅游广告词设置需要尤其重视的地方，目的是使旅游者通过广告词感受当地美丽景色，体会当地独特的文化。比如，"椰风海韵醉游人"是海南省的旅游广告词，其将海南热带气候旅游文化充分体现出来。

（二）旅游广告的整合营销传播策略

整合营销的目的是增值产品的价值、让目标市场认识并接受旅游目的地，使客户资源得以稳定；是指整合各种营销工具与手段，及时修正营销策略，在此之前不仅需要结合企业自身发展状况，还需要根据目标市场的实际情况、历史状况展开。旅游广告文化的整合营销是建立在旅游资源地、旅游企业的特色旅游文化产业基础上，不仅需要统一策划旅游资源品牌，还需要统一打造整体形象，各旅游企业不仅要形成统一的对外形象，还应当宣传同一种声音，对企业特色的旅游广告文化进行策划制作与传播，对旅游产品进行宣传。

虽然俗话说得好"酒香不怕巷子深"，但面对当前日趋激烈的旅游市场，即使在旅游资源方面有一定优势，若没有将广告与媒体宣传工作落实到位，广大群众也无从知晓。旅游广告文化整合营销的前提条件是找准市场定位，为了充分体现旅游资源的特色文化，需要对旅游者的消费心理进行全面了解，与此同时，还需要将旅游产品的"量"与"质"结合起来，加强旅游文化的传播，可以借助名人、影视剧的方式进行传播。为了更好地反映旅游资源文化品牌，还可以采取拍摄旅游电视专题片等方法。《乔家大院》电视剧在中央电视台热播后，晋商乔家的发祥地成为我国节假日天南地北的游客首选热门景点。

整合营销传播理念在乌镇旅游广告传播中得到良好印证，其通过整合周边的古镇、各自资源，通过有效的传播手段进行传播，比如，多媒体形式配合公关、广告等，让更多的游客看到了乌镇独有的魅力。比如，通过拍摄乌镇旅游专题片、节目，使乌镇文化品牌的效果予以树立，与此同时，采用网络广告传播模式进行双向沟通，使得人们更好地了解乌镇的美景与特色。

三、旅游广告亚文化传播分析

（一）旅游广告的历史文化传播

旅游广告是通过采用各种媒介的传播方式，让受众了解某旅游地区的产品，使消费者前往该地区旅游。旅游广告通过策划、创意，折射处所要传达的产品形象，从而吸引更多受众前往旅游地区亲自体验，以此使游客产生旅游产品购买欲望。所谓的广告诉求，是指目标受众对广告所传达的产品形象有深刻的理解，并且对其认可。

在无锡市梅村街道网上，广告词中涉及很多关于梅里古都的广告词，比如，"诗里""梅里""泰伯故里"等，这些广告词不仅达到了梅里历史文化的宣传效果，且将该地区的美丽风情呈现出来，通过放大该地区的历史文化，使得游客从心底感受到该地区的文化魅力，从而使其愿意亲自前往该地旅游。

（二）旅游广告中的民族与民俗文化传播

我国是一个多民族国家，且每个民族的民俗习惯、传统节日与民族文化有着一定的差异，比如，苗族的"花山节"、傣族的"泼水节"等，这些民族节日的内涵文化十分丰富。

为了更好地将各民族文化精神进行传承，对少数民族地位旅游资源进行开发，做好民族节庆旅游广告策划与文化传播是一项有效措施。

我国有着较为丰富的少数民族节庆旅游资源，且有着悠久的民族节庆文化历史，在传承文化与弘扬民族精神等方面具有重要作用。民族节庆活动作为一种旅游形象传播手段，具有集中参与性、观赏性等特点。由于民族地区节庆旅游文化有着较大的差异，且有着较大的广告文化诉求跨度，要想让旅游者深刻的理解文化内涵，最基础的任务是在该地区的知名度的提升方面加大投入力度。

传统民间民众的风俗习惯、文化生活的统称就是"民俗文化"，涉及物质层面、精神层面。在传承历史、承载两个文明的建设中，民俗文化占据重要地位，其所发挥的作用十分重要。

民俗文化对旅游广告的策划制作与传播也有着不可替代的作用，我国人口在全世界占据第一，每个地区的民俗文化均存在差异性。为了达到吸引旅游者的目的，各旅游企业在"亮点"的打造过程中通常都会结合民俗文化旅游。

以成都这座城市为例，其有着丰富的历史文化、民俗文化，为了将成都的民俗文化充分展示，成都市聘请著名导演张艺谋拍摄了一部广告形象专题片——《成都，一座来了就不想离开的城市》。该片其采用了现代艺术手段拍摄成都民俗文化中的精彩部分，通过有机融合了传统民俗文化、现代都市文化，将成都这座古老、现代的都市形象演绎出来，尤其是片中的广告词："具有传统地方特色的青瓦白墙的川西民居、嬉笑戏耍的顽童……"将都市的历史文化底蕴成功地塑造，且将这座城市的民俗文化特征体现出来，给观众留下了深刻的印象，由此使更多人感知到成都这座城市的魅力，从而使成都的知名度得到显著提升，不仅体现在国内，甚至还走向了国际。

以广西桂林这座城市来说，其有着悠久的历史文化内涵，在这里生活着二十余个少数民族，包括壮族、苗族、瑶族等，该地区不仅有美丽的自然风光，与此同时，民族风情十分丰富，历史文化淳朴浓厚。桂林市政府聘请著名导演吴杰拍摄了桂林市广告形象宣传片——《天绘山水，仙境桂林》，影片中涉及漓江、山坡、穿着各民族服饰的少女、忙碌的居民等画面，将该地区迷人自然风光呈现出来，其中还融合了一些民俗文化元素，如，"斗笠""竹竿舞""刘三姐的传说"等。桂林最大的魅力主要是山水，桂林人的符号与精神就是民俗文化，影片中还有机融合了自然景观同民俗文化，将桂林的城市风貌展示出来。

西安是世界历史上第一座城市，其有着悠久的历史文化，这座城市的民俗文化遗产十分厚重，《荣耀西安》是著名导演侯咏执导的西安形象广告宣传片，该影片重现了古都西安的历史辉煌时刻，且将西安现代化的城市风貌体现出来，将一幅文明古都沧桑巨变的宏伟画卷描绘出来。这部广告宣传片不仅将古都西安的民俗文化内涵全面的诠释出来，并将西安人质朴、温馨、热情好客的一面展示出来，观众通过观看这部广告宣传片，能对该地区有更深的了解，由此吸引更多游客前往这里游览观光。

（三）旅游广告的红色文化传播

红色文化将中华民族革命精神、厚重的历史文化内涵充分体现出来，包含了井冈山文化、延安精神、长征精神。要想发挥红色文化的价值，只有对其进行深入传播，而广告在红色文化传播过程中具有显著效果，革命纪念地、伟大故居等是红色文化所依托的实物形式。为了达到理想的红色文化传播效果，广告策划要注重将红色文化差异凸显出来，这样才能更好将"红色"二字传播出去。

比如，贵州遵义作为一个"茅台"国酒的产地，具有深厚的历史文化，但是该地区的红色旅游还没有取得良好的发展效果。要想促进遵义红色旅游文化的良好发展，对遵义的旅游文化广告定位十分有必要。吸引潜在红色文化旅游消费者购买遵义旅游产品是广告的主要目的，因此，遵义与旅游者产生密切的联系是广告定位的主要部分。在广告定位过程中，需要将遵义会议的伟大意义进行升华，并对其历史地位予以延伸，还需要将其与游客产生联系。

红色旅游广告要想获得良好的宣传效果，还可以借助影视文化传播的方式，比如，电视剧《井冈山》将中国革命初建时期的艰苦岁月展示出来，人们通过观看这部电视剧，更能体会到当前美好生活的来之不易，感受到中国革命的艰苦卓绝，由此使观众产生前往该地区旅游、缅怀革命先烈的欲望。《热血军旗》也是一部红色历史题材的电视剧，是由江西出版集团参与制作的，全景呈现了人民军队诞生的历史背景，通过观看这部电视剧，能让观众感受老一辈先烈的勇敢、无私奉献等高贵品质，从而使其产生想要前往该地旅游的冲动。提升红色旅游文化知名度是红色文化传播的主要价值，要将其有效作用充分发挥。

综上所述，文化传统的有效传播方式包括旅游广告，当前我国旅游行业得到迅速发展，旅游广告应将旅游地的旅游资源充分发掘，制作动态广告、静态广告，或者采取拍摄广告专题片的方式，对本地区的旅游优势进行传播，由此达到吸引更多游客前往该地区旅游的欲望，从而更好地促进该地区旅游发展。面对当前日趋激烈的旅游市场，旅游企业应当不断创新旅游广告策略制作，使更多人做出旅游决策选择，使其在旅游过程中亲自感受旅游地区的美景与历史文化，为推动该地区的经济发展奠定基础。

第五节　智慧旅游背景下的文化旅游资源传播

智慧旅游已经成为旅游研究中的重要问题，智慧旅游的发展基本和互联网发展在节奏上保持同步。从智慧旅游这一概念诞生开始就得到比较广泛的关注，主要是由于在管理科学性、效率提高、营销精准等方面都展现出较好的前景。智慧旅游虽然在很多领域获得成就，但在一些领域却依然存在困境，如对文化旅游资源的传播。

就社会发展现状来讲，智慧旅游中存在对文化旅游资源整体关注相对不足的问题，更多的关注点集中在电子商务、政务、数字化景区等方面，但是对于旅游产业链当中的组成要素重新分配、加工、组合等多方面的愿景却没有实现。当前只有少部分企业认识到对文化资源旅游打造的重要性，但是在具体实施时也仅仅停留在文章或者是图片介绍的层面上，并且没有形成长期的战略目标。

一、文化旅游资源的内涵

当前我国文化旅游资源中对于游客吸引力较大的景点主要有长城、故宫、苏州园林、兵马俑等。文化旅游的实施能够使游客对特定时期的风俗、历史、文化进行探索，和自然资源之间相比，需要突破的屏障更多，但文化资源形成的传播效应也更细致和绵长。

二、文化旅游资源价值

使用价值。就使用价值来讲，主要包括这几个方面：首先，观赏价值，主要是指资源能够使旅游者的审美、观赏、娱乐方面的需求得到满足，资源自身的设计构造、风格以及情调等能够使旅游者在感官上和精神上得到享受。实际上，观赏价值主要属于精神层面，能够满足人们在生理、心理、精神方面的需求，具有一定的虚幻性、不可度量性，对价值的估量往往是通过旅游者自身判断得出。其次，科教价值，这种价值主要是指资源中蕴含的知识内容和信息内容，体现在爱国教育、科研、历史知识、文化知识等方面，如傣族竹楼建筑、傣族歌舞等。最后，经济价值，这一价值主要是从资源产生的实际效益角度进行分析和评估，如门票收费、娱乐收费、休闲收费以及纪念品销售等。

非使用价值。就非使用价值来讲，主要包括这几个方面：首先，从文化价值方面来讲，主要指资源体现出的宗教朝拜、文化传承等方面的价值。文化旅游资源通常是在特殊的条件下产生，含有丰富、独特的文化信息，能够将文化旅游区域的宗教习俗、文化形态、地区风貌、服饰、建筑、娱乐等特点详细呈现出来。其次，从环境价值方面来讲，文化旅游资源属于稀缺资源，会对生活环境、自然环境产生较大影响，部分区域针对文化旅游资源投入了大量的人力、财力以及物力，并且对基础设施和相关生态环境进行了管理，这在一定程度上凸显了其特有的文化价值，资源在具备环境价值的基础上，才能体现出开发价值和利用价值，进而发挥自身吸引力。最后，从社会价值方面来讲，社会价值主要是指文化旅游资源在开发过程中对社会发展产生的影响。文化旅游资源实际上属于精神寄托，能够在较大程度强化人们对传统文化的认同，增强民族凝聚力，进而促进社会不断发展。

三、文化旅游资源传播中存在的主要问题

文化属于文化旅游资源的核心，文化影响力在资源吸引力方面发挥着较大作用，根据当前文化影响力对旅游资源进行分类，第一类有敦煌莫高窟、金字塔、长城等。第二类有

都江堰等。而第三类的区域影响力比较低，但是这类的资源比较多，因此在文化旅游资源传播中，这类资源存在的困境比较多。

缺少独特性。缺少独特性是很多地方的文化旅游资源面临的问题，如重庆的安陶，虽然有着悠久的发展历史，但是在影响力方面却远不如建水紫陶、宜兴紫砂，因此这一资源对于游客的吸引力并不大。出现这一问题主要原因在于，当时这一区域打造陶文化品牌的起步时间比较晚，其价值性与其他三种比较著名的陶瓷之间没有十分明显的区分。由此可见，这一资源体现出的独特性比较弱是影响其传播的重要因素。

受众缺乏广泛性。文化旅游资源从本质上来讲依然是旅游资源，除了部分以历史、艺术、音乐等形式存在的旅游资源能够得到广泛认同之外，很多资源都有局限性以及地域性，受表现形式、语言以及地域文化多种因素影响。以至于产生文化认同的受众并不广泛，难以保持资源的吸引力，如少数民族衣服上的图示纹样、地方戏剧等。

缺少引导与扶持。在进入到一部分景区之后可以发现，几乎每个景区的附近都有工艺品售卖，这在一定程度上表明旅游消费品在商业化、工业化方面特点比较明显。并且很多地方的工艺品都雷同，这种行为的出现会对文化旅游资源的传播产生不利影响，而这些不利影响的出现，需要付出几倍努力才能抹去。这在一定程度上说明对于旅游文化资源的传播缺乏规范的引导、扶持与管理。

四、智慧旅游背景下文化旅游资源有效传播途径

打破文化传播隔阂。打破文化之间的隔离有利于文化实现无障碍传播，相关调查研究中发现，很多旅游部门在互联网中针对本地文化推广问题方面投入了较多时间，但是最后得到的结果却并不理想。这一问题出现的主要原因在于管理层面，如针对文化资源方面的传播并没有进行持续性的投入，也没有比较专业的工作人员进行指导，以至于文化资源在逐渐向旅游资源转变、过渡的过程中受到较多阻碍。实际上文化传播获得一定效果是一个长期过程，需在逐渐渗透、影响的基础上才能逐渐深入人心。如珠江三角洲的饮食文化，在长时间内都受到广东早茶文化的影响。在互联网快速发展背景下，不同区域的饮食文化才得以更好地凸显出来。因此，在打造文化旅游资源过程中，可以利用互联网的优势，设置专题节目或者是短视频，获得一定的口碑，然后使文化资源得到更广泛的关注。

积极运用科学技术。智慧旅游的构建和发展主要是受互联网的影响，和移动互联网之间实现了同步。因此，运用科技手段，保持敏锐的观察力、良好的判断力是解决智慧旅游中不同问题的重要方式。如针对文化旅游资源中的壁画、刺绣等，可以实现与人工智能的结合，将人工智能中的图像识别功能运用在资源中。同时，也可以运用 VR 技术、5G 以及三维扫描等。通过多种技术的使用帮助文化旅游资源的传播与开发，实现传播方式的不断创新。

构建新媒体传播平台。在进行文化旅游资源传播过程中，可以加强对互联网的运用，

注重资源在互联网中的宣传。在此过程中需考虑受众的具体特点，选择科学、合理的传播切入点，同时善于利用网站的号召力与知名度，对文化旅游资源进行系统、全面的介绍，打造成人们比较熟知的文化资源传统平台。就呈现形式来讲，为了吸引大众注意力，可以运用图片、音频以及视频之间相结合的方式。除了使用网络媒体之外，也可以发挥电子阅读器、智能手机等移动终端的优势，将应用程序和应用商店作为依托，使大众在观看相关内容过程中也能发表自己的观点和意见，这也是实现旅游资源文化传播的有效路径。

重视文化产业体系构建。就文化产业体系来讲，创意是体系中的核心内容，其中主要有音乐、视觉艺术、舞蹈、手工艺、文学等传统形式，以及表演艺术、多媒体意识等现代形式。在核心的外延为书记报刊、社交媒体、影视等，这些都是文化业态的重要构成，传播性和带动性都比较强。这些方面不仅能够获得比较直接的收益，也能体现出文化价值。除此之外，还包括广告、设计、游戏等比较典型的业态，实际上文化旅游资源能够包含全部元素。因此，为了实现文化旅游资源的有效传播，应注重对相关产业体系的构建。

总之，文化旅游资源属于近几年开始讨论的话题，无论是智慧旅游还是文化旅游资源都属于新兴领域，在发展中仍然能够看到各种问题的出现，但是通过对智慧旅游这一平台的利用，很多的文化资源已经开始向文化旅游资源方向转变，并且形成了区域品牌效应。在此情况下，大量比较优秀的文化得到了传播与继承。文化资源也在旅游产业中找到和发挥了自身价值。因此，在推动文化旅游资源有效传播过程中，应该重视智慧旅游对其产生的产影响，加强对传播平台的搭建和利用。

第六节　旅游对中国文化的跨文化传播

中国文化的跨文化传播是我国国家软实力和综合国力的重要体现。借助于我国旅游事业蓬勃发展这一契机，将旅游作为中国文化跨文化传播的手段和途径，较之其他方式有着诸多优势。旅游者在旅游过程中，充当了中国文化传播的使者，在旅游活动中与目的地居民和其他游客进行互动交流，在潜移默化中将中国文化进行了跨文化传播，从而使中国文化在世界范围内得到更广泛的接纳和认可。

近些年，随着我国经济地位和综合国力不断提升，国际影响力也在不断加大，依据新的国际形势，多次提出要推动中国文化的国际传播能力。"推进中国文化的国际传播能力建设，讲好中国故事，展现真实、立体、全面的中国，提高国家文化软实力"。

国家软实力是由约瑟夫·奈（Joseph Nye，1990）提出的概念，它强调一个国家具有吸引力的文化是其软实力的核心。一国的文化是一国综合国力的体现，能够在对他国产生吸引力和感召力时生效。在这一时代背景下，让中国文化得到国际接纳并广泛传播则是我国综合实力的体现；中国文化长期、有效地实现对外进行跨文化传播是树立中国国家形象的重要内容，更与建构大国地位相适应。

但是，我们也要清楚看到，中国文化的跨文化传播虽取得了一些成就，但与政治经济建设领域的成就相较仍然是国家综合实力中的薄弱环节（杨泽喜，2018），如由于各国价值观差异，中国文化在世界中的认同感不足；中国文化传播的跨文化传播渠道较为单一，对世界的影响力不足等诸多问题。

对于中国文化的跨文化传播，孙春英（2015）提到，文化的树立和传播要协调和整合各种渠道，重视发挥来自民间的智慧力量，国家要为民间的团体和社会中国的"文化传播"开辟广泛渠道。在中国文化的对外传播过程中，长久以来是以官方文化交流为主、民间文化交流为辅的传播模式。但随着各国之间民间交流的不断加强，旅游作为一种民间文化交流形式，其重要性与日俱增。这为通过旅游进行中国文化的跨文化传播创设了前提条件。

一、旅游在中国文化传播中的价值

近年来，我国旅游业得到迅猛发展。2019年，我国继续保持世界第一大出境旅游客源国地位。旅游的文化传播功能得到充分肯定，文化与旅游深度融合，是国家推动旅游发展，扩大中华文化的影响，提升国家软实力，促进社会和谐发展的必然要求。旅游在跨文化传播中的优势在于其亲历性的特征。通过旅游进行文化传播可让人们摆脱媒体等形式所营造的虚拟环境，在真实环境身临其境地体验文化。旅游者进行跨文化交流的过程中，异国文化和本国文化进行碰撞。倘若利用这一契机，进行中国文化传播，可以更好促进彼此间的理解和沟通，实现中国文化、思维、价值取向等多方面的认同。

通过旅游的形式进行民间的文化传播，这种手段易于让人接受，思维方式易于理解，可以让文化的传播变得更加生动有趣，同时让人真正地理解一种文化的深层内涵，如文化产生的自然、人文因素。只有通过对文化深入的理解，才能做到对文化的尊重、学习、交流和分享。

通过旅游的形式进行中国文化传播有着一定的优势。首先，传播范围上更为广泛。旅游者作为文化传播的个体，在旅游过程中可以不断与来自不同地域、不同文化背景的人进行交流，为中国文化广泛传播创造可能性。其次，在文化的传播目的上较为隐秘。在旅游过程中，人与人的接触有着一定的偶然性，在旅游者传播中国文化的过程中，并没有特定明确的传播目的，而且在人与人的交流中，潜移默化地将中国文化进行传播，这就避免了说教式传播造成一定的反感。第三，通过旅游进行中国文化的传播有着一定的去功利性，旅游者在传播中国文化的过程中是一种自发的、无意识的行为，而传播对象接受中国文化也是发自于内心的欣赏和喜爱，并不存在利益冲突，双方也没有功利和实用目的。旅游中的文化传播的目的不在于影响或劝服，而主要是信息、态度和情感的交流与分享。

二、旅游者是中国文化传播的使者

旅游者是旅游活动中进行文化传播的重要载体。旅游者长期稳定居住在特定地方，受到当地的文化认同的制约。在旅游活动中，旅游者会携有他所在特定国际和区域的语言、行为方式、思想观念等一系列的文化元素来到异地他乡。旅游者到达旅游目的地后，便会与目的地居民或其他游客进行互动，在此过程中依然会表现出具有本国特征的价值观念、思维方式和鲜明的文化背景。这就不可避免的对旅游目的地的文化产生影响，也为旅游者将本国文化进行跨文化传播提供了可能。

瓦伦·史密斯（Valene Smith，1989）明确提出旅游者在作为特殊文化交往活动形式的旅游活动中扮演了文化交往使者（Agents of cultural contact）的角色。旅游中"主人"和"客人"两种文化的接触和交往，使得两种文化在不断的借鉴和适应中走向趋同。在此过程中，旅游者通过语言和非语言的方式，有意或无意的去影响目的地的居民。同时也可能对适宜的场合在旅游过程中所接触的对象进行宣传。接受信息的一方有机会成为信息的再次传播者，遂形成逐次非定向信息扩散。而对于旅游目的地来说，一方面会为了发展经济、促进消费等因素，乐于接受旅游者所携来的文化。另一方面可以让当地居民在自己原有文化的基础上，接触新事物，接受新信息，学习新知识，并开始欣赏和接受旅游者所携来的文化。

随着中国旅游业的快速发展，中国的旅游者足迹遍布世界各个角落。当中国的旅游者在目的地国家游览时，便可以利用这一契机，让旅游者承担起中国文化传播使者的责任，在旅游的同时，向世界各国积极传播中国文化。

三、促进旅游者传播中国文化的对策和途径

以旅游为依托进行中国文化的传播，实际是一种中国文化和其他各国文化相互理解、适应和沟通的过程，从而更好地促进人类文化的繁荣和发展。旅游者应该在旅游活动中充分发挥其文化交往使者的作用，实现中国文化的跨文化传播。

（一）增强旅游者的跨文化传播的有效性

文化传播是一种异质文化间的交流，为了进行正常有效的沟通，传播双方至少能够使用一种双方都能理解的语言。传播能力模式理论研究学者萨拉·特伦霍尔姆（Sarah Trenholm）和阿瑟·詹森（Arthur Jensen）提出作为文化传播者应具有一定的能力，即传播者正确理解对方的语言和文化背景的能力并依据对方接受信息的方式和自己的社会角色来正确表达的能力。这就要求旅游过程中，作为中国文化传播使者的旅游者应该注意到传播对象的文化，要注意到所面对的传播对象用何种语言，配合一些非语言符号的使用，尽量避免在交流中出现误解。

旅游者在开始旅游活动之前，可以预先了解目的地国家的语言状况，对基本语言表达有一定的了解。英语作为国际交流的通用语言，可以很好地作为两种文化之间沟通的媒介，旅游者本身的语言能力影响着文化传播的效果。

（二）在尊重文化差异的前提下，重视中国文化的传播弘扬

在文化传播过程中，不同文化之间存在一定的矛盾和冲突不可避免。而消解矛盾和冲

突最好的方式就是相互沟通、理解和适应。尊重文化差异是文化传播的前提。只有尊重差异、认识差异并给予恰如其分的变通，不同文化之间才能顺畅沟通，文化传播才能顺利实现。

旅游者在旅游过程中，如果抱有中国文化总是高人一等的态度或是对一些国家的特有文化居高临下、傲慢鄙夷乃至敌视，就会导致中国文化传播的失败，甚至于造成文化冲突，引发进一步的矛盾。旅游者要意识到每种文化都具有同样的价值，对目的地文化与中国文化的差异抱以相互尊重、相互信任的态度，站在参与旅游活动主体的角度上，旅游者应该体现一种亲和的态度，力图与异文化相沟通。

（三）注意恰当的传播手段和方式

旅游者在旅游过程中积极传播中国文化。但文化传播并不等同于文化说教，简单直接地将中国文化向目的地的居民、游客进行灌输，更重要的是，旅游者应该提高自身文化修养和内涵，用自己言行举止来吸引传播对象，从人类共同的情感出发，撷取中国文化中最生动恰当的内容进行文化传播，让传播对象对中国文化从内心深处产生认同、欣赏和喜爱。

中国文化的跨文化传播是中国综合国力和竞争力的重要体现。而旅游则是不同文化沟通交流和传播的有效手段。通过旅游方式促进中国文化在世界范围内的跨文化传播，让广大的旅游者成为中国文化传播的使者，在旅游过程中，将中国文化带到世界各地，让世界各国对中国文化产生更直观、切身的认识，提高中国文化的认可程度。

第七节　旅游英语翻译的文化传播

从旅游业发展的角度来看，近年来我国海外旅游者人数不断增加，这一现象引起相关研究者对旅游英语翻译与文化传播之间关系的重视。本节主要对文化传播的意义进行具体论述，分析旅游英语翻译对于文化传播的作用，最后通过案例分析说明旅游英语翻译为文化传播带来的益处。

近年来旅游行业的快速发展，使到我国旅游的海外游客逐渐增多，这一现象也突显旅游英语翻译在旅游业发展中的重要性。从文化发展的角度来看，旅游英语翻译有利于将我国各地区本土文化传播给海外游客，使海外游客对我国历史文化发展有更多了解。旅游英语翻译的主要任务是为游客介绍当地的旅游信息，通过翻译的趣味性带动游客的积极性，并且在翻译过程中，满足海外游客的需求。

一、文化传播的意义

从各国的文化要素迁移现象来看，文化传播对文化扩散具有重要意义。文化传播主要是指不同国家之间的文化资源以及各种类型的文化信息能够不受时间与空间的限制完成共享与互动。从某种程度上讲，文化传播是人们生存化与符号化的过程。作为一名文化传播者，不论使用哪种方式，都需要将双方编码与解码进行互动，因此，也是一种传播者与被传播之间的创造性精神活动。相关研究者认为，旅游英语翻译是一种特殊的文化传播方式。在传播过程中，能够发挥自身的旅游文化载体功能，也可以说，旅游英语翻译能够起到旅游文化传播的作用。在旅游业长期发展过程中，大多数相关业内人士都认为旅游业本身就有文化传播的特殊性。因此，为使旅游业能够更快更好的发展，应致力于丰富旅游形式，提高旅游服务内涵，这样才能促进人们具有旅游动机，在旅游方面不只是计划，而是能够付出行动。人们在旅游的过程中，能够获得与平时有差别的生产生活方式，从而在旅游业发展的同时，促进文化的发展。

二、旅游英语翻译对文化传播的作用

增加跨文化交流渠道。旅游英语翻译是一种特殊的跨文化交流渠道，从旅游业的不断发展来看，大多数海外游客来中国旅游，主要目的不仅是欣赏历史古迹，在较大程度上，也是为了了解与本国文化有较大区别的异域风土人情。通常情况下，旅游英语翻译者在工作中首先要保证能够使海外游客通过旅游英语翻译了解中国传统文化，从而满足海外游客的基本旅游需求。旅游英语翻译人员要积极将本国文化以合适的方式介绍给海外游客，让海外游客对本国文化有具体的了解。尤其是针对一些潜在的跨国旅游人员，为有效保证旅游活动的顺利开展，同时也能够促进当地的经济发展，最主要的是达到文化传播的目的。旅游英语翻译从根本上来讲是在不同文化背景下文化传播者与游客之间的桥梁。旅游英语翻译也能够让海外游客真正了解文化内涵较为丰富的中国历史。但是在旅游英语翻译的过程中，由于中国文化与海外其他国家的文化有较大的差异，因此，旅游英语翻译要注意使用语言的准确性，在满足不同国家之间文化差异的前提下使外国游客对我国文化在最大程度上有所了解。旅游翻译人员要采用准确的表达方式，保证用词得体向海外游客表达更加深刻的文化内涵。在带领海外游客欣赏风景的同时，使海外游客真正了解每个风景的文化内涵，也有利于促进跨文化交流，从这一点可以看出旅游英语翻译是文化传播的重要渠道。

促进民族之间文化交流。汉语导游词最主要的特点是，使用大量修饰性词汇，从而达到吸引游客的目的。汉语导游词与旅游英语翻译的主要区别在于汉语导游词能够进行各种修辞手法的润色，使中国游客能够通过导游词了解到参观景点的特色，在参观游览时产生如诗如画的感觉。但是旅游英语翻译与汉语导游词有较大区别，由于不同国家之间的文化差异，使旅游英语翻译必须进行信息的词汇转换，能够通过旅游英语翻译，让海外游客了解中国的历史文化内涵，使海外游客在享受美景的同时，了解更多的文化信息。旅游英语翻译最主要的目的是通过译语在文化传播的过程中满足海外游客的旅游需求。从这一点也可以看出，旅游英语翻译能够在各国之间形成一个较为系统的文化传播体系，从而促进不同民族之间的文化交流与融合。

加强海外游客对中国文化的了解。作为一名旅游英语翻译人员，在工作中要掌握大量词汇与语法知识，保证在旅游翻译中，面对不同文化间的冲突无障碍地与海外游客进行交流。也可以说旅游英语翻译者，必须有跨文化阐述的能力，在与海外游客沟通的同时，将文化之间的差异充分体现出来。旅游翻译者在海外游客对景点感兴趣的基础上，加强与海外游客的文化融合，增加海外游客对中国文化的感受力。同时，也能够提高旅游活动内在的文化品位，使海外游客在旅游参观的同时，对中国历史文化产生浓厚的兴趣，在一定程度上也促进我国传承历史文化的目的。同时，通过英语翻译也能够提高海外游客的审美情趣，使海外游客在中国旅游的过程中，满足自身的旅游需求，达到赏心悦目的目的，在旅游英语翻译过程中，翻译人员要将文字表达准确，且在表达风格上要幽默有情趣。通过旅游英语翻译将景区所蕴藏的深刻文化内涵表现出来，帮助海外游客了解人文景观以及文化内涵，使海外游客在旅游中提高自身文化素养。

促进本土文化传播。通常在旅游业发展中，不同民族之间的历史文化背景以及民族风情是吸引海外游客的关键。大多数海外游客都喜欢通过异域体验得到自我满足，因此，为使旅游英语翻译达到这一要求，就要体现出旅游英语翻译的精髓。我国大多数城市旅游景点都具有本土文化与异域文化相互融合的特点，例如 A 市在发展旅游产业的过程中，主要目的在于推广闽南文化。那么在旅游翻译时就要突出其历史文化积淀以及民族文化特色；A 市在民族风情以及美食方面也能表现出独特的文化内涵，旅游翻译人员也将其作为翻译的关键点，将当地的民族风情，利用动人的故事、传说向海外游客进行讲解，使海外游客了解地名的由来以及景区本身所具有的历史意义。在这一过程中要避免由于词汇与语法的使用不当，为海外游客造成误解。如 A 市地区的三朝元老巷，旅游翻译者要在尊重地名翻译原则的同时，对其中的内涵进行解读，保证海外游客有个深刻理解。通常在旅游文化传播的过程中，也会出现带有中国文化内涵的特有名词，这在一定程度上体现出我国源远流长的历史文化特征。因此，旅游翻译可以促进我国各旅游地区本土文化的发展，进而达到传播本土文化的目的。

三、旅游英语翻译对文化传播作用的案例分析

现阶段旅游英语翻译从整体上来说，表达形式与中国语言表达方式存在的差距较大，西方国家语言逻辑性强，且针对自然风光的描述较少。在介绍旅游景点时，想要使海外游客准确理解过于华丽的语言有一些困难。因此在旅游英语翻译的过程中，要更加注重实用功能，将翻译内容准确表达出来。达到能够让海外游客在最大程度上理解并且认可的目的，最终通过旅游英语翻译感染游客。下面对旅游景区有关旅游英语翻译的具体案例进行分析，说明旅游英语翻译的主要方法。

案例一：不同民族之间的文化存在较大差异，在旅游英语翻译的过程中，要注意词汇的准确使用。旅游英语翻译的目的主要在于感染游客，要根据不同的游客进行考量，发挥

旅游英语翻译的最大价值。在一定程度上我国语言特点与其他国家相比，在文化背景以及语言习惯方面存在较为明显的不同，因此在语言文字传达的过程中，要严格遵循游客的语言习惯。例如旅游翻译者对海外游客进行"鱼米之乡"翻译中，如果按照中文的语言习惯将会翻译成"a land of abundant fish and rice"，但是这种翻译方式与英语的语言习惯差异较大，并不能达到让游客理解的目的。因此在面对海外游客时，要将"鱼米之乡"翻译为"a land flowing with milk and honey"，这样不仅能够使海外游客了解我国的传统文化，也能够使他们在最大程度上了解"鱼米之乡"的含义。近年来乡村旅游已经成为旅游行业发展的重要内容之一，旅游翻译如何将"农家菜"向海外游客进行翻译也引发大量翻译者的讨论，如果将农家菜翻译成"Farmers' Dishes"，是不能让海外游客在原有认知基础上加深了解的，因此如果将农家菜翻译为"Farm house cooking"就能够在结合其他国家语言习惯的情况下，顺应游客原有的理解，真正了解农家菜的含意，从而促进我国文化的传播。

案例二：在对我国民族英雄故居进行旅游英语翻译时，以民族英雄郑成功的故居为例。长久以来，郑成功的故居都是重要的旅游景点，旅游翻译者针对"民族英雄郑成功的故居是著名的爱国主义教育基地"向海外游客介绍时，根据海外游客的语言习惯，可以将这句话翻译为"The former residence of the national hero Zheng Chenggong, also known as Kongxiga, is an important base for the education of triotism"。通过这一翻译，翻译人员将"also known as Kongxiga"进行具体解释后，使海外游客明白之所以翻译成"Kongxiga"是为了突出郑成功是一位驱逐倭寇的爱国者，能够使海外游客对这句话有更深刻的理解，通过翻译人员的介绍后，获得相关的历史背景信息。与此案例相类似的，李贽故居也是我国著名的文化景点之一，因此在旅游导语牌中，也应该重视对该景点的介绍。如在故居门前，景点介绍中设立英文导游词，但是要根据海外游客的语言习惯进行翻译："Li Zhi(AD 1527-1602), also known as Zhou Wu, Hong Fu, Wen Ling, was a native of Quanzhou.He was an outstabding thinker, writer and historian in the Ming Dynasty"。通过这一翻译，能够使外海游客对故居景点的背景信息有所了解，这句英语翻译中所具有的增补以及释义，能使海外游客更好地理解中国名人文化。因此在旅游英语翻译中，要加强对文化知识以及背景资料的介绍，使海外游客能更深刻地理解我国人文景观，在旅游中了解并认可中国文化，达到旅游最终的目的，同时在旅游英语翻译的引导下，提高海外游客对中国历史文化的兴趣。旅游英语翻译也要在海外游客有不理解的地方进行更加系统的解释，使旅游英语翻译在文化传播中发挥最大作用。

综上所述，旅游英语翻译对文化传播的作用是巨大的。从某种程度上来说，旅游英语翻译是旅游文化传播的一种特殊方式，因此，旅游英语翻译能够扩展跨文化交流渠道，促进民族之间的文化交流与融合。使海外游客到中国旅游景点参观时，能够在旅游英语翻译的帮助下，对我国文化有更加深刻的了解，同时也有利于促进我国本土文化的传播。

第八节 旅游经济发展与旅游文化传播

近些年中国经济发展取得了举世瞩目的成果，同时，中国国内百姓的人均生活水平也显著提升。所以，很多人开始热衷于旅游活动，从而促进了旅游业的发展。在旅游经济发展中，旅游文化是不可或缺的元素之一，本节将针对旅游文化传播与旅游经济发展进行研究。

近些年旅游行业已经成了中国社会经济发展的重要组成部分，当前旅游业文化格局具有明显的多样化、多层次特点，而且积极传播旅游文化，可以助推旅游业健康发展，对提高旅游地区的经济收益具有帮助。同时，旅游经济的快速发展也为旅游文化的传播带来了便利。

一、阐述旅游文化的重要价值

旅游已经成了新时代大众消费、解压的一种出行方式，游客会结合旅游地点的旅游景区、旅游文化等选择具体的旅游景点；而具备浓厚旅游文化的旅游地点常常成了游客的首选，而旅游文化丰富的地区旅游行业发展状况也相对较好。与此同时，通过分析国内旅游文化传播范围不断增大的现状来看，社会各界都开始重视文化生活质量，而且旅游文化的传播也有效的传承了优秀的、质朴的中华民族文化，对国民深度发掘、学习中国传统历史文化具有帮助。通过丰富旅游文化表现形式，一方面可以愉悦民众，另一方面，还能提高大众生活的趣味性。

进入二十一世纪后，知识文化的作用备受国人关注，所以我国开始重视人文素质教育与人文素质的提升。而积极的传播旅游文化，不仅可以使旅游文化的价值观念、物质成果与社会关系等方面的作用得到保障，还有助于人类重新对世界进行认知、改造。旅游文化是一种特殊的文化形式，它不是旅游和文化的简单相加，而是一种全新的文化形态，它作用于旅游全过程，主要表现在旅游者、旅游景观、旅游设施、旅游服务、旅游意识、旅游活动及其精神产品、旅游业、旅游管理，以及社会效益、经济效益和环境效益等方面。旅游文化在旅游行业中是宣传工作的重点内容之一，可以维护旅游经济的可持续健康发展。受"一带一路"等影响，中国与世界各国间的交流频率不断增加，大量的外国游客都受到国内旅游胜地的吸引慕名而来。所以，积极宣传旅游文化也有助于提高中国旅游行业的国际竞争力。

二、针对旅游文化和旅游经济发展关系的研究

（一）旅游文化传播有效推动了旅游经济的发展

首先，传播旅游文化使旅游业经营管理能力得到改善，还提高了旅游经济效益。积极传播旅游文化促进了旅游业经济的健康发展，同时也需要旅游业工作人员具备更高的工作能力。在新时期，旅游业工作员工要掌握旅游市场变化规律及文化发展规律，要杜绝盲目性活动现象，降低无功性工作频率。同时，旅游业经营管理水平受旅游文化快速传播等影响得到了有效改善，对增加旅游业经济收益具有帮助。

其次，做好旅游业产业结构调整，科学配置旅游资源。我国旅游业起步晚，但却具有广阔的发展前景。由于旅游业产业结构、资源配置具有独特的导向性特点，所以其他的产业无法和旅游业展开对比。经研究发现，凡是具有较高国际化程度的旅游城市，其第三产业生产总值通常要比所在国国内生产总值比重大。近些年，我国经济发展速度较快，所以促使旅游经济快速发展，并对大众的消费理念、行为产生了影响，改变了传统的消费观念、社会需求，引发了重新配置社会资源的现象，促使旅游产业结构发生了调整，加快了科学配置旅游资源的步伐。同时，旅游业的快速发展也促使建筑业、服务业迎来了全新的发展机遇，并引起了重新配置劳动力、土地资源等的新浪潮。

然后，为社会发展提供了更多就业岗位。旅游业经济具有较强的综合型，同时，促进了新时代服务业的健康发展与改革。比如，旅游业的兴起为诸多行业提供了大量的就业新岗位。经过研究发现，旅游业属于劳动密集型产业，所以在发展中依赖大量的人力资源；同时，旅游业又具有跨行业、跨区域的现代系统经济特点，和交通业、餐饮业等关系紧密。所以，为了满足旅游业快速兴起的需求，相关行业开始扩大经营规模，所以便增加了就业机会。

最后，提高了国际交流频率，有助于开拓世界视野。积极的推动旅游业健康发展，可以吸引更多的国外友人进入中国，增加了国际经济交往频率，提高了中国经济的发展速度与科技水平。原因是"世界各国的国家经济发展中旅游业的作用都是无法取代的，常见的国际会议旅游、商务旅游活动等，均加强了国家间的政经交流力度，改善了经济信息的传递效果，使各国企业在经营决策的制定中获得了有力的数据支持。"

（二）旅游文化在旅游经济发展中受到的影响

首先，旅游物态文化在旅游经济发展影响下得到了有效传播。积极的发展旅游经济，使各地区的人民开始主动发掘民族文化内容，并研究、制作出了大量具有本地区民族特色的旅游文化专属产品，通过积极的推销、售卖具有地区、民族文化特色的产品，不仅可以传播民族文化，还增加了当地的旅游收益；同时，也有利于游客对各地区旅游特色文化有深入的了解，对传播旅游物态文化具有积极影响，还有效地增强了民族认同感。积极的发展旅游经济，还可以增加各地物态文化交流频率与彼此间的认同感；发展旅游经济还能吸

引游客亲身体验各地不同的民族文化、了解不同地区的民俗文化内容；另外，游客在旅游中携带的所在地文化，会和旅游地文化产生激烈的碰撞、交流，这样有助于各地区物态文化表现形式的多样化发展，对促进文化进步、丰富文化内容具有积极影响。

其次，社会实践中的人类可以借助制度文化完成社会行为规范的制定。积极的发展旅游经济，提高制度文化建设的规范性，有助于发掘、弘扬、传播、复兴优秀的民族文化，有助于各地区不同的游客体验其他地区的优秀文化；同时，在文化体验阶段，游客会将认同的优秀文化信息反馈给旅游业，而旅游业则可以通过开发优秀文化的方式，弘扬、传承地区优秀文化。

最后，人类在交往的过程中逐渐地形成了以民俗、民风等形态展现的行为文化。积极的发展旅游经济，有助于凸显、宣传民族文化特色，促使各旅游地区实现文化的多元化发展。在发展旅游经济的过程中，行为文化属于旅游资源中具有较高利用价值的一种资源，诸多游客之所以会选择某些旅游地进行旅游，完全是受到了当地民俗特色、民俗习惯的吸引。所以，在发展旅游经济的过程中，必须凸显当地民族文化特色。由于传播文化时存在双向性特点，所以携带不同文化前去旅游的游客，也会将诸多先进思想带入旅游地，这样有助于优秀文化间的交流，加快了文化的发展、进步，对发展滞后地区文化生活水平的改善具有推动作用。

三、以传播旅游文化为基础，推动旅游经济健康发展的对策

宣传旅游信息，加快传播旅游文化；增加旅游景点文化内涵，强化旅游景点吸引效果。传播旅游文化的过程中，必须做好宣传旅游信息的相关工作；只有提高宣传旅游信息的效果，才能推动旅游业经济健康发展、改善传播传统文化的效果。旅游活动组织期间，旅游文化可以借助特殊意义、符号的旅游信息进行展现，从而完成互相传播信息的目的；而且，在信息传播期间由于信息具有的文化、社会含义十分丰富，所以加快了传播信息的速度。与此同时，如果宣传的旅游文化在旅游业发展中出现了偏差，就无法将其代表的含义准确地表达出来，使游客在理解旅游文化时出现偏差，便无法满足游客获取信息的实际需求。由于游客需求未被满足，所以游客就会产生失望情绪，反而使旅游文化的传播与经济的发展遭受了负面影响。另外，各地政府部门应联手旅游企业做好旅游信息交流平台的建设，要重视旅游信息的传播效果，要利用旅游信息吸引、服务游客，这样才能有效传播旅游文化、促进旅游经济健康发展。

做好旅游功能科学定位，积极创建"旅游文化＋旅游产业"的产业经济发展新模式。做好旅游功能定位工作，将保证旅游业发展方向的科学性、合理性，有助于旅游业将潜在优势彻底发挥出来，对提高不同旅游地区的竞争实力具有帮助。所以，旅游业在发展中要重视特色发展，要加速旅游产业的多样化、特色化、个性化建设，实现旅游业的可持续发展目标。同时，要明确长远发展目标、发展战略、发展定位，要不断地提高当地旅游产业

的名气，要积极的对本地区产业资源进行整合、设计符合本地区发展的旅游项目；另外，还要研发具有本地区特色的旅游产品，要结合市场发展状况，完成"旅游文化＋旅游产业"的产业经济发展新模式创建。

积极利用大数据资源，打造"互联网＋文化＋旅游"的产业发展路径。积极的发展旅游业，可以更好地宣传旅游文化、满足人类对美好生活向往的需求，还能促进旅游地的经济发展。由于二十一世纪是互联网与大数据的时代，所以，旅游业应积极的融合互联网技术、大数据资源，实现共同发展。因此，旅游业要积极的引入大数据技术，主动开发人工智能设备，提高融合"互联网＋旅游业"产业的效果，改善大数据资源的利用效率，才能为旅游业的发展提供强劲的创新驱动力。

综上所述，积极的传播旅游文化有助于促进旅游经济的可持续健康发展，而旅游经济实现可持续健康发展后可以吸引更多的游客到各地旅游，有助于旅游文化之间的交流、碰撞、进步。所以，旅游文化与旅游经济在相互作用、影响下实现了共同发展。

第六章 旅游文化传播的创新研究

第一节 新媒体国家文化旅游品牌传播创新

一、新媒体的特点及发展历程

（一）新媒体的特点

新媒体中提到的"新"是对于传统媒体而言的，直观的体现在它的优势上，或者说是特点上，这些特点主要有及时性、互动性、开放性等：

第一，及时性。随着科技的发展，信息爆炸的今天，诸多的科技成果已经转化成为人们衣食住行不可缺少的工具，信息接收的及时性也在不断提高。然而传统媒体受到了时间、空间等各种因素的影响，已经不能满足现代人们对于信息及时获取的渴望。

例如传统的纸质媒介，受到了地域、时间、材质以及印刷等因素的制约，这些纸质媒介传递到人们手中时，已经失去了及时性。另外更重要的信息接收量、信息传播的区域也因为纸质媒介的影响，受到了极大的制约。虽然传统电视媒体相对于传统纸质媒体有了巨大进步，但是也受到了时间、环境以及设备场所等因素的制约，人们同样不能及时地进行信息获取，也存在着诸多弊端。

随着互联网的兴起，新媒体的出现打破了传统媒介的各种限制，尤其是手机终端的普及以及4G\5G技术的出现，人们接收信息的及时性得到极大的满足，不管从简单程度、携带便利性等因素，都得到了广大用户的认可，新媒体的传播速度和接收范围进一步扩大，因此信息传播的及时性是新媒体相对于传统媒体的最重要优势。

第二，互动性。传统媒体互动性严重滞后或者不具备实时的互动性，而新媒体的广泛运用互动性有明显的优势。传统媒体无法满足人们对于信息互动交流的要求，只能被动地接受信息，要想反馈问题还需要通过别的渠道，不能实时提出自己的想法。例如，一个热点新闻的发生，本来具有很强的时效性，如果是传统媒体从接收信息到反馈信息，热点新闻早已成了过去式。而新媒体解决了这一问题，例如"今日头条、腾讯新闻"等新闻类APP，一旦有了热点新闻，记者就能第一时间拍摄上传，用户也能第一时间看到并在留言区评论，因此新媒体的互动是最有效、最快捷的沟通方式。

第三，开放性。新媒体除了在信息发布和传播上具有绝对优势以外，还改变了信息发布的传统模式，人们随时随地都可以通过手机终端浏览和上传发布信息。随着微信、QQ、抖音等社交APP的普及，人们可以随时随地发布自己所见所想，并能实时互动。由于新媒体具有极强开放性的优势，不受时间和不受地域的影响，"新媒体让人类的文化传播和文化交流变得更加的活跃，充分满足新时代人们渴望成为意见领袖的意愿"。

（二）新媒体发展历程

随着互联网超强传播力的显现，国内外学界、媒体界将互联网最开始认为是第五种大众传媒总体来说，中国对于互联网的认识经历了三个阶段：

第一次互联网大浪潮1994年—2000年，自1994年正式接入国际互联网，网易（1997）、搜狐（1998）、腾讯（1998）、新浪（1998）、QQ聊天（1999）和百度（2000）纷纷陆续在这一阶段成立，但都是处于初步发展阶段。

第二次互联网大浪潮2001年—2008年，互联网进一步发展，中国互联网协会成立（2001），2002年，个人门户兴起，互联网门户进入2.0时代，新媒体由原来的搜索逐步发展为社交化网络，博客网（2002）、SNS、论坛、微博等社交化平台出现促使中国的网民数不断增加，在2008年中国网民数量首次超过美国。

第三次互联网大浪潮2009年至今，在一阶段PC互联网到移动互联网，个人网络入口从搜索到各种各样App分流，具有代表性的分别是在2011年微博迅猛发展对人们社会生活的深入影响；2012年手机用户规模首次超过台式机用户，同年微信朋友圈和今日头条上线，在这一阶段"两微一端"的传播模式形成，意味着移动互联网迎来发展高潮，大数据挖掘传播技术、VR、AR、人工智能技术在新媒体领域的广泛应用；2015年首次提出互联网+；2016年，互联网直播、网红、短视频等热词"风靡全国"，2017年至今自媒体百家争鸣、蓬勃发展。

二、新媒体时代国家文化旅游品牌传播现状

根据中国政府的现行体制，中华人民共和国文化与旅游部（MINISTRY OF CULTURE AND TOURISM OF THE PEOPLE'S REPUBLIC OF CHINA）是负责中国国家旅游品牌传播的最高机构，文旅部主要着力于塑造中国国家文化旅游整体形象，主要职责是研究拟定文化和旅游政策措施，起草文化和旅游法律法规草案，统筹规划文化和旅游业发展，指导和推进文化和旅游科技创新发展和信息化建设。下设15个机关部门，39个直属单位，47个海外办事处。

其中直属单位中"中国数字文化集团有限公司"以实施数字文化创意与中国优秀传统文化数字化工程为核心，推动文化科技创新与数字化转型升级，促进传统媒体和新媒体融合发展。

以文化产品内容创意制作、数字出版发行及综合服务为主要业务，开展音像制品、

4K/8K 影视节目、高品质音频节目、电子出版物、网络传媒、电子游戏等制作业务，同时涉及对外文化交流、文化产业园区顶层设计、文化产业基金投融资、公共文化服务等诸多文化产业领域。

作为传播国家形象的重要渠道，发展迅猛旅游业为改善和提升中国国家形象提供了难得的机遇。然而中国许多著名景区在游客宣传推广以及日常管理方面仍存在很多问题，对游客的文化感知、旅游体验尚缺乏深入了解。

三、新媒体时代国家文化旅游品牌传播促进方案

（一）加快旅游品牌 IP 推广

IP 的展示、产品化及营销，是增加旅游收入、推广目的地形象的重要渠道和手段。目前有很多景区在做文化旅游 IP 推广的新媒体尝试，并取得了较好的成绩。

近年来，中国故宫博物院不断地通过各种平台、各种方式在全世界面前刷新形象，力争世界五大博物馆之一的名号与地位。故宫博物院作为中国最大的古代文化艺术博物馆，在网络营销推广方面，有着不俗的实力。几大新媒体营销手段相互补充，相互助力，不但在受众群体中形成了极大的影响力，让大众对故宫和中国传统文化产生兴趣，更能激发受众学习与探究的自觉性，使受众对故宫产生想要一探究竟的兴致，吸引更多参观者的同时，也为故宫带来了丰厚的经济效益。

（二）加速旅游品牌形象塑造

景区官网、VR 实景地图、微信公众号等的推广，使得游客足不出户，通过互联网和客户端就能领略景区美景；到达旅游目的地，智慧化设计更是无处不在，智慧停车、智能信息、智慧手环，无一不丰富人们的体验；在消费支付上更是便捷通畅，账单支付快速便捷，无论是餐饮、住宿还是景点观光，手指轻轻一点，便可尽情享用，这一系列的快捷和智慧方式，节约了游客的时间，使得游客旅游体验更愉悦。

（三）重塑旅游营销模式

新媒体时代，广告信息宣传不仅在户外广告、电视广告等传统媒介进行宣传，甚至不需要任何宣传信息，只需要一个噱头和事件，就可以吸引众多粉丝。例如"大唐不夜城不倒翁小姐姐"视频播放量超 23 亿次，大唐不夜城成为最火景点，还有最近的河南郑州"孟婆汤"，都让大众体会到了新媒体、短视频的影响力。

（四）调动旅游产业共享共创

"多重信息不对称的叠加效应，决定了新媒体时代旅游传播的内容产出不能仅仅依靠于某个团队就能完成，而必须以更加开放的精神和理念，用有趣的创意和激励手段，最大限度地调动全社会的参与感，让受众成为信息生产和传播的共谋者"。

（五）化解旅游公关难题

新媒体用于处理景区的负面危机，扭转舆论导向，引发反思。当然，如果利用不当，则会让负面影响更突出。

随着新媒体的发展，移动终端的普及，5G 技术的推广，新媒体的应用更加广泛，通过新媒体推动文化旅游品牌传播成为今后文化旅游市场发展的强劲动能，随着旅游业的发展，会有更多更好的旅游品牌脱颖而出，推动国内旅游市场的发展，进而推动中国在国际的影响力。

第二节　文化传播内容挖掘重构乡村旅游意象创新

一、文化营销，构建意象

文化是一个边界模糊的概念，它可以被物质的建筑、器物所承载，也可以是非物质的习惯、观念、趣味。但物质性的建筑、器物作为文化载体时，所承载的其实仍然是其背后的观念，知识和审美趣味。文化的内涵是精神性的。一种事物的文化意涵，在相当程度上，就是人们对这种事物的认知，是这种事物在人们脑海中具有一定公共性的映射。这种映射在人们脑海中形成的图景也可以名之为意象。

在今天的资讯时代，海量的信息多向、多样地迅速传播，这决定了任何单一事物在人们脑海中的意象，都经常是多样、多变、易逝的。而旅游目的地，要长久地保持自身在潜在游客脑海中的意象，就需要持续的、主动的文化传播。从 1985 年起，欧盟每年都会指定一个或多个城市为欧洲文化之都（European Capital of Culture），被指定的城市需要展示自身文化形象，也要大量积极地举办艺术文化活动，以创造观光及经济的产值。每个城市都必须自己分类，从分类中找出自己的特色，这就是城市品牌。许多人在认识某个城市过程中，就是从记忆该城市的印象或者品牌，产生某种识别。这种识别，渐渐形成城市内部成员的共识，并成为城市对外沟通的重要手段，随着时间进而积累、创新，不断凸显该城市的特色，形塑自身的城市意象。

城市意象与该城市的旅游定位有密切的相关。如何建立独特的城市意象来吸引旅游者，必须从城市的主题设计、历史文化街区的特色、城市节庆主题设计、城市旅游营销的理念、客源对城市旅游的感知等方面，来对城市旅游内容与城市对外意象进行修正和强化。每个城市都有故事，甚至传奇，这些内涵本就是城市意象最美与最特殊部分。如何强化城市意象，首先要考虑建构城市的文化品牌。建构城市文化品牌有三个阶段：第一阶段就是城市定位，找出特色，建立品牌，扩大城市的知名度与曝光度，这是许多地方政府作得最好，实践文化内容赋能的部分；第二阶段是城市认同，进行品牌经营，利用主题活动、故事营销、微电影或者公益活动等，增加公众对该城市或地方的喜爱度。第三阶段则是城市愿景，建立与其他城市不同形象，强化该城市的独特性，在固定时间、固定主题，鼓励民众参与，为城市共同完成某项目标，让城市的魅力无限，让文化品牌无法被取代，这就是种城市意象。

城市意象的核心是"文化"，而文化的传播与传承是一个积年累月的过程，无法一蹴而就。但若将文化结合旅游，短时间吸引游客增加城市营收，更应需要更生动、鲜活的传播方式与组合，才可以获得更多的传播效果。城市营销最常使用两种手段，一是宣传与聚焦，透过该城市各式节庆活动、国际赛事、国内外展览等，将城市的特色呈现出来，然后找出最适合这个城市特色的主题，进行包装宣传。以台北市为例，台北特色在多元、友善，因此台北市近几年主打的特色概念，是如何将这些特色融入宣传活动，进而进行营销。二是透过说故事建构城市对内与对外的共识与意象。最著名的例子就是台湾地区的宜兰。宜兰在国际上是知名的'慢活'城市，更是'幸福'城市。宜兰的国际童玩节、绿色博览会、三星葱蒜节、几米公园与传统艺术中心等活动或者景点，原本是单纯吸引宜兰居民参加的活动，因故事说得生动，吸引的对象拓展到全台湾，甚至更大范围的民众，这就是一种成功的文化传播。

二、优质内容，打造文旅

英国马克思主义文化批评家雷蒙·威廉斯曾指出："有一种许多人都熟知的习惯，那就是把过去，把那些'过去的好日子'当作一种手杖，来敲打现在。作家们信心十足地让我们到'旧英格兰'——似乎那就是我们可以落脚的地方——去寻找永恒的韵律，但这个'旧英格兰'又开始不断向更早的时代退去。"在城市化、城市文明扩张的时代，对传统乡村生活加以玫瑰色的想象，并对这种想象出来的传统乡村，抱以怀旧的、乡愁式的眷念留恋，则是这种习惯的一个突出的表现。在那种浪漫想象中，乡村成为自然、宁静、淳朴、道德的生活方式的化身，农业劳作的艰辛、物质匮乏的困苦、剥削压迫的黑暗等等被过滤掉，只留下精心挑选的精致意象，这就是乡村意象的原型。

乡村旅游与城市旅游在资源上存在显著不同。乡村旅游以其特有资源禀赋吸引游客，游客对乡村旅游的价值感知必然有别于城市。"乡村性"是乡村之于游客主要生活场景——城市的各种差异性的集合。旅游的本质，是前往异乡、异域的短暂生活，与城市的异质性，是乡村旅游的根本吸引力所在，是游客选择乡村旅游的主要因素。乡村性保存得越好，越能吸引游客，乡村意象与游客的感知价值正相关。乡村旅游作为以乡村小区为活动场所、以乡村独特的生产形态、生活风情和田园风光为对象的一种旅游业态，其发展能够起到促进农民增产增收、农业多元经营、乡村美丽繁荣的作用，已经成为各地乡村振兴的重要引擎。这点可从台南市后壁区菁寮小区成功案例展示出来。菁寮老街，又称"嫁妆街"，在街上有很多店家都有超过百年历史，也经营多年，比起其他一些新兴老街，这是一条没有被过多商业气息所磨灭的老街，许多店家还保留它旧有的原貌，百年古厝也仍是旧模样。加上菁寮小区透过当地无米乐工作室的努力，利用当地特色场景，保存纯朴小区人情味及乡村的生活态度，跟着田间插秧唱歌，搭上牛车缓缓在小区里移动，到钟表店里跟街坊邻居泡茶，这些元素都被转变成菁寮小区的重要意象。

乡村旅游核心吸引力不同于城市旅游意象的现代性，而在于乡村环境（有山、有水、有农田）、乡村劳作（前现代的生产方式）、乡村生活（风俗、饮食、民居建筑和乡村文艺和娱乐）。这是乡村文化意象的基础内容。这些基础内容又因为不同地域和自然环境、不同历史传承和沿革，不同的产业形态和比较优势包含着极其丰富的层次和内涵。不同乡村有丰富的、彼此错位的、可挖掘的特色。从陕北窑洞、闽南土楼、东北土炕、江南民居到云贵吊脚楼，从大田耕耘、春种秋收、农田水利、草原牧歌、山野渔猎、乡村织染到饮食制作，从宗族、道德、习俗、集市、贸易到历史和传说，乡村作为久远历史和传统生产生活方式的现代载体，对于现代生活中的城市人来说，既有知所来处的历史归属感，也有无穷无尽的异质性生活元素。

乡村能够为城市人提供的远不止于观光和浅层次的农家乐、农家菜，尽管当代的农村旅游大多局限于此。乡村真正拥有的最大价值在于一种生活史、劳动史、观念史的交融，传统的遗存，过往的探微，时代的渗透，所来之处和所处之境的对比和体验，而这些在每一个不同的乡村，都有极度丰富又各异的内容可供挖掘。

乡村性的本质是一种前现代的生产生活方式及其自然和人文环境。而这些即使就在当代的乡村里，也并非自然存在而无须发掘建构的。对于乡村性的发掘，很大程度上就是一项生活史、劳动史、观念史的考古，而乡村性的文化意象构建则是它们的当代复现。这种乡村性的发掘和重构，能够为旅游者提供的，将是真正具有深刻和持久吸引力的，对当代人来说已成他乡异域的所能之处的沉浸和体验。

这种乡村性的发掘和重构，必定也是不容易的。这更像是一种人类学与旅游产业的融合。在这里，也有一个著名的典型个例，即美食网红李子柒，她在国内外网络上，都拥有巨大的影响力，而她的内容则主要来自对田园美食的挖掘和再现。但这只是乡村性挖掘的很小范围，她能够提供的也只是让受众进行观看，而乡村旅游可以提供的则是真正的体验和更加丰富的内容层次。

三、文化传播，强化意象

内容的发掘到意象的建立之间，还隔着传播的影响。无米乐小区的驰名基于其内容元素的发掘，也在于记录电影《无米乐》的传播。然而不是每一个乡村旅游地都有机会通过电影得到传播机会。

但自媒体的崛起已经为乡村旅游的文化传播提供了新的机会。自媒体已经从根本上改变了此前大众媒体时代的传播格局。大众媒体时代，传播渠道是有限的，内容容量相对于今天是极小的。但自媒体时代的来临改变了这一切，任何人都可以成为内容创作者，都有得到传播的机会，而受众的注意力也不集中于少数拥有传播渠道的内容，而是被人工智能和算法筛选，与内容之间实现了精准匹配，不同受众所接触的内容出现了高度的差异化。内容创作的大众化和内容分发的精准化，使得所有乡村都有机会制造专属于自己的内容形象，并在目标人群进行精准传播。传播竞争的展开也不再是围绕传播渠道和播放机会，而是内容本身的吸引力和质量。

换言之，在新媒体时代，乡村旅游的文化传播力将主要取决于其自身的内容供给能力。只要能够完成乡村性内容深入和高质量的挖掘，那么就有条件在新媒体时代依托庞大的职业内容创作者，甚至是游客自身在社交媒体、音视频平台完成自动、定向和精准的传播。具体乡村旅游目的地当然也可以通过主题活动、定向合作去吸引内容创作者，争取更多的传播机会，追求更高的传播质量。但在整体上，每一个乡村都拥有了大体均等的传播机会，竞争沉向内容挖掘，沉向自身独特乡村性的挖掘，则是史无前例的。

城市化的迅速推进，人们生活方式的现代化，已经大幅度地拉远了当代人的认知和精神世界与乡村的距离。虽然事实上，只在一两代人之前，乡村就是我们生活生长的故乡，但现在，乡村已是遥远的故园，精神上的异域。乡村的旅游价值，当代人对乡村的向往和需求，并非固有，而是刚刚勃发。

同时，新媒体的崛起，也同样给予了每一个乡村各自独立的传播机会。每个乡村独特的文化意象都有机会精准抵达每个具体的受众，并且自动的、沿着人际和兴趣的虚拟网络扩大传播，蔓延影响力。

这两点都是乡村旅游前所未有的时代机会。而需要乡村做的，是挖掘自身的独特乡村性，利用传播方式的变革，站到时代风口上。

第三节　旅游公示语跨文化传播创新

全球化时代国家间的跨文化交流变得越来越频繁。基于这种跨文化交流日趋频繁的大环境之下，各国游客通过观光旅游所带来的跨文化传播也成了一种常态。但是在实际的跨文化传播的过程中，也难免出现一些文化传播失误的现象，进而从误会变成误导，严重的时候还会产生纠纷或者冲突。因此，旅游地点应当积极重视旅游公示语的作用和影响，借助旅游公示语来探索跨文化传播的误会现象和本质特点，从而采取有效的方法加以改进和完善，这样对于跨文化传播既有重要的理论意义，又有实际的参考价值。

旅游公示语不仅能够为游客们提供其所需要的信息和服务，还能够成为展示其国际化程度的媒介。在所有的旅游公示语中，都蕴含了相同的一个特点，那就是跨文化传播信息。不管是在国外的景区中使用中文公示语，还是在国内的各个景区中使用外文公示语，这些现象的本质都是因为文化差异而产生的。但是由于风俗习惯、思想价值的不同，简单的旅游公示语并不能够明确的解释清楚，所以会在某种程度上对跨文化传播产生负面影响，进而出现跨文化误传播现象。

一、旅游公示语跨文化误传播的分类

（一）跨文化无意识传播

在旅游公示语跨文化无意识传播之中，主要存在着两种类型，一种是在对信息进行传播时，自身的信息本就存在着一定的问题，被称之为"知识性误传播"；另一种是将信息传播至旅游景区游客之后，游客对其的理解不正确，被称之为"认知性误传播"。

1. 知识性误传播

形成知识性误传播的主要原因是因为我国人口数量较多，文化水平也参差不齐，这就使得在旅游公示语翻译人员中的知识掌握差距较为明显。当前在我国大部分景区中都采取了中文和英文的旅游公示语，少部分景区新增了俄语、韩语、葡萄牙语等标识。所建立的旅游公示语并不是完美无瑕，其中也存在着不少的缺陷。比如针对景区"出口"的英文翻译，部分旅游景点采取了"Export"的标识，也有少部分景点将"出口"译为"Way out"。这两个词语的含义虽然和"出口"有所关联，但实际上却相差甚远。"Export"主要指的是在经济贸易或物流运输的"出口"，"Way out"主要指的是人生旅途之中所选择的"出路"这类含义。故而采取这两类翻译方式用作旅游景点的"出口"均不够妥当，"出口"正确的公示语应当翻译为"Exit"，这样让外国游客能够更为清晰地了解到这一旅游公示语的含义，最大化地减少在旅途之中所产生的不利影响。

由此可见，旅游公示语翻译人员应当具备较为深厚的跨文化知识，这样在对旅游公示语进行翻译时才能够更为精准，避免给国内外游客带来不便。但当前部分翻译人员所具备的跨文化知识不够充足，使得所翻译的旅游景区公示语让人啼笑皆非，容易引发来自国内外游客的误解。比如针对旅游景区中的草坪，为了防止游客对其进行踩踏，往往会在草坪外设置一个公示语，以此来对游客起到一定的警示效果。传统的公示语往往是"请勿踩踏草坪"这类带有强烈警示意味的生硬语言，并未拉近与游客之间的距离，所产生的效果也并不明显。随着时代的不断变迁，公示语的语言也逐渐充满一定的文学性及艺术性，诸如"呵护花草，还您健康""捧着一颗心来，不带半根草去"，这类公示语对国内游客及熟悉中文的外国游客都起到了上佳的作用。翻译人员在通过跨文化的方式将其译为英文时，由于对跨文化知识的认知不足，往往会直译为"Take care of flowers and plants，and make you healthy""Come with a heart，without a blade of grass"等。这样的翻译方式显得过于机械，会让不懂得中国文化的外国游客在看到这类公示语后能够勉强看懂其中所表达的字面含义，但对于其中的深意却不能够完全了解，这就与建立旅游公示语的初衷相违背。如若翻译人员对国外文化有一定的了解，那么就会知道在国外针对草坪的保护问题，一般都采用了"Please keep off the grass"这类简洁明了、通俗易懂的公示语，这和我国文化中的委婉心理有着较大的差异。因为并未掌握充足的跨文化知识，所以才会造成旅游公示语跨文化误传播的现象出现。

2.认知性误传播

形成旅游公示语认知性误传播的原因是由于国内外游客对不同文化的认知存在着较大的差异。认知性误传播中主要表现为：国内外游客并未构建统一的认知标准，进而产生了旅游公示语跨文化误传播现象。在黄山市著名旅游景区"屯溪老街"，本地旅游管理机构将屯溪老街的英文公示语制作为"TunXi Ancient Street"，但在外国人接触到的导游词和详细解说中却将屯溪老街翻译为"TunXi Old Street"。这两类公示语的翻译都属于正确的范畴，但因为对于文化的认知和语言的选择有着较大的差异，使得旅游公示语跨文化传播所采取的标准不同，进而产生了认知性误传播。

（二）跨文化有意识误传播

和跨文化无意识误传播相比，跨文化有意识误传播主要是由于文化认知的不同差异所产生，翻译人员在通过公示语来进行跨文化传播时，可能会存在着对古代和现代这类不同时空的认知差异，他们将其进行利用，反而达到了意想不到的效果，这便是跨文化有意识的误传播。例如举世闻名的黄山，一说起黄山，人们脑海中浮现的便是徐霞客登黄山时所赞叹的"登黄山，天下无山，观止矣"。实际上"登黄山，天下无山。"这句话作为宣传语便是属于跨文化有意识误传播的范畴。在古代人认知之中，天下主要是表达了"普天之下"的含义，因为当时信息传播并不发达，古代人所认为的天下并不是现代所指的全世界，当时仅仅指诗人所认知的中国。随着时代的不断发展，人们对于世界的组成早已和古人的认知相去甚远，天下的含义也不再局限于中国国土，而是扩展到了全世界的范围。当前通过"登黄山，天下无山。"这句旅游公示语向全世界宣传黄山风景时，"天下无山"所代表的含义便是纵观整个世界黄山的风景也是最美的。通过这样的有意识误传播，能够将黄山优美的风景展示给全世界，形成了较好的推广效果。

在跨文化有意识误传播中，还采用了地名套用的方式。常见的地名套用便是在举世闻名的城市之中加入一个"东方"的前缀，诸如"东方马德里""东方纽约"等。将地名直接进行套用，能够让该城市所具备的特点进行直接的诠释，在国际上也能够形成较为优秀的形象。但这样的方式让该城市的地方特色逐渐消失殆尽，并且在外国游客的心目之中已经沦为了附庸，长此以往对于该城市在国际中的良性发展有着不利的影响。

二、旅游公示语跨文化传播管理措施

（一）构建多元化管理主体

相关部门应当针对旅游公式语建立完善的管理体系。当前相关部门所采取的管理体制较为分散，各个下属部门所具备的职能不能得到充分的整合与发挥，因此应当构建自主与协调的管理体制，对同行业的合作伙伴进行充分的鼓励，让其能够积极参与到跨文化传播之中，贡献出自身的力量。同时针对跨文化传播设立一些权力相对独立的监管机构，以此来避免管理之中出现各种各样的差错。在科学技术日趋发达的新时代，相关部门可以充分利用信息技术所提供的便利，将旅游公示语的相关数据进行收集与整理，构建大数据平台，并对其进行合理的管控，让参与到跨文化传播中的所有人员能够在该平台之中共享与交流相关数据。

针对管理主体中的当地旅游协会而言，要将其自身所具备的职能最大化地发挥，将旅游的相关政策法规通过互联网、报纸等信息传播平台来进行有效的宣传，让游客能够具备一定的自律性。这样一来在进行旅游时，游客就会对旅游公示语引起高度的重视，旅游公示语的作用也能够发挥得淋漓尽致。同时针对旅游公示语进行有效的调查与研究，并定期开展相应的研讨会来对调查结果进行分析，根据实际情况制定下一步的工作计划与方向，以此来推动旅游公示语趋于完善。同时对游客进行幅度较大的鼓励，让其能够积极参与到旅游公示语跨文化传播之中，让其能够充分激发自身的创意，给跨文化传播工作提出合理的意见与建议，最大化地减少旅游公示语误传播现象的出现。

（二）采取科学化管理手段

通过互联网来进行有效的管理。当前我国信息技术较为发达，已经逐渐成了人们日常生活之中不可或缺的组成部分。因此相关管理部门应当采取科学化的管理手段，通过互联网等科学技术方式来完成旅游公示语的制作与传播，并实现全面监管，以此来让旅游公示语跨文化误传播的范围得到有效的控制。采用这样的手段必须依赖于相关部门投入足够的资金，组建一个具备较强专业素养的团队，并不断吸纳新生血液，对其进行科学的培训，让更多的专业人才涌现出来，使之形成一个可持续发展的科学循环。同时，构建一个科学的机制来让民间资本能够参与到旅游公示语跨文化传播工作中，结合多方的力量来让管理手段不断地进步。

与国际接轨，加强国际之间的交流与合作。不断加速的全球化进程，为跨文化交流与沟通提供了桥梁，来华旅游者的数量与规模持续增长，使得旅游公示语迅速进入了全球范围视野，尤其在网络发达的信息时代，某一个知名旅游景区的公示语一旦出现误传播，那么就会被网络无限放大，引发较大的争议。故而相关部门应当加强在国际之间的交流与合作，通过多方参与，最大化地将由于文化价值观的差异所引发的跨文化误传播进行消除，以此来给旅游公示语跨文化传播提供一个可以度量的标准，从而减少误传播的出现频率。

（三）建立系统化管理过程

在旅游公示语制作时做好相关的管理工作。因为旅游公示语属于大众传媒的范畴，所以具备议程设置的作用。相关翻译人员所制作的旅游公示语应当遵循一定的准则，来筛选旅游景区所具备的特点，最终对需要突出的特点做出决策。相关管理人员此时就要通过旅游公示语的议程设置来让游客的思维受到一定的影响，引导其能够通过阅读旅游公示语而产生相应的联想，而这一联想则是制作旅游公示语的目的所在。比如针对黄山丹霞峰这一景点所制作的旅游公示语，相关人员就会将其翻译为"Danxia Peak"，外国游客阅读之后并不能产生一定的联想，此时相关管理人员就应该重新进行翻译，引导外国游客对黄山丹霞峰的秀美景色进行联想。经过翻译人员的经验交流及讨论研究，最终决定将丹霞峰翻译为"Reddening-Cloud Peak"，这样一来，外国游客就能够通过较本土的翻译联想到黄山丹霞峰所具备的突出特征，从而达到了旅游公示语跨文化传播的效果。

在旅游公示语跨文化传播时做好相关的管理工作。相关学者曾经提出过一个经典的"二级传播理论"，主要是指信息在传递至固有受众前，应当存在着一个"意见领袖"，以此来达到影响舆论走向的目的。在旅游公示语跨文化传播工作中也可以采用"二级传播理论"，在互联网日趋发达的今天，相关管理人员可以将微博大V、著名微信公众号、著名UP主以及各类新媒体记者等作为"意见领袖"，充分利用他们在普通群众中的声望，让在群众中分享自己对于旅游公示语的见解，同时宣传一些旅游公示语跨文化传播的相关知识，让群众能够充分认识到旅游公示语跨文化传播的重要性，进而积极参与进来，贡献出自己的力量。

综上所述，随着我国国际地位的不断提升，旅游产业发展较为迅速，使得到中国进行旅游的外国游客数量也在不断增加。在这样的时代背景之下，旅游公示语就起到了跨文化传播的作用，相关部门翻译人员应当认识到旅游公示语准确翻译的重要性，对不同文化差异进行充分的了解，结合实际情况制作出合理的旅游公示语，从源头来减少旅游公示语跨文化误传播的发生频率。同时相关部门的管理人员要重视旅游公示语跨文化传播工作，完善其管理体系，采取科学的管理手段，让旅游公示语在跨文化传播时能够更为精准，从而提升我国在国际中的地位与形象。

第四节　跨文化传播视域下的旅游外宣翻译创新

本节主要针对跨文化传播视域下的旅游外宣翻译展开深入研究，先对其内涵和特点展开阐述，然后论述了跨文化传播视域下的旅游外宣翻译策略，主要包括异化翻译法、归化翻译法、增补信息的方法、删减信息的方法、化抽象为具体等，最后提出几点注意要点，如注重景点景区翻译方法的直接性、集中整合理论与实践、优化译者评价机制等，旨在不断提高外宣翻译水平，积极传播和弘扬旅游文化，满足跨文化传播的内在要求。

在人类推广活动中，跨文化传播发挥着重要的作用，与各种文化信息的相互分享和交流之间有着紧密的联系，而且在不同国家背景文化下的交际活动中也得到了充分体现，与世界各国之间的文化元素转移的关联性也比较强，通过在人类社会不同领域中的融合，可以促进传播活动的有序进行。而对于外宣翻译来说，为不同语言国家和民族之间的沟通带来了极大的便利性，在各国紧密往来的推动下，外宣翻译发挥的作用更加突出，不仅对跨文化传播产生了很大的影响，也有助于旅游外宣翻译工作的开展。

一、外宣翻译的内涵分析

对外宣翻译进行分析，要对外宣的内涵进行充分了解。对外宣传，简称为外宣，基于广义视角，主要是指某单位或地区之外的所有地域，开展宣传活动。而基于狭义视角，主要是指境内的外籍人员和其他国家受众群体，开展的宣传活动。现阶段，对于对外宣传来说，其宣传活动的开展主要基于国际社会，外宣翻译，属于对宣传活动中文字性材料进行翻译，已经成了重要的翻译行为之一。具体来说，在翻译形式中，外宣翻译具有特殊性的特点，主要是指在全球化环境中，以了解中国作为目的，结合汉语、英语以及其他国家语言，将其作为信息传播载体，宣传主体主要集中在西方国家群众这一方面，这已经成了我国重要的国际性交际活动之一。

二、跨文化传播视角下外宣翻译的特点

（一）沟通具有高度顺畅性

在各国进行沟通过程中，外宣翻译发挥的作用不容小觑，对于跨文化和语言的互动实现具有很大的帮助，所以借助外宣翻译，可以紧密联系不同国家和地区之间的联系。在相关媒体采访中，翻译的对外沟通作用显著，可以促进中外文化的紧密交流，实现和谐世界的顺利构建，将各国之间的文化交流深度提升上来，确保各民族之间形成高度的文化理解能力和认同水平。外宣翻译，旨在确保各国文化的紧密交流，突破限制性作用。现阶段，在全球经济的强大推动下，我国也对创新给予了高度重视，加强与其他国家之间的经济文化来往，翻译扮演的角色越来越明显，外宣翻译人员要善于站在受众群体立场思考问题，将其语言和文化理解方面的障碍清除，将桥梁纽带性作用充分发挥出来。

（二）交流的平等性

在全球经济不断发展的强大推动下，诸多国家渴望将自身国家传统文化与全球认同的文化结合在一起，外宣翻译的互动观念，要求要对客观事实予以坚守，既要看到各个国家语言和文化方面的相同点，也要看到不同点，加强对话机制的构建，结合对话，促进多样性文化格局的形成，以平等和平的眼光来进行沟通，从而在对话中，形成高度的认同感。一般来说，国家文化的差异性比较明显，而文化共性也是客观存在的。对于文化共性来说，主要是指人类对世界理性认知的相同点，文化共性，可以促进国家和民族之间的交流。文化的相互融合，是各国文化密切交流的重要渠道，文化形态的相互渗透，可以将文化相互融入的结果反映出来，满足跨文化传播需求。翻译工作，有机整合了目的语文化和源语言文化之间，形成紧密的对话，互动性显著。在全球范围内，加强优秀传统文化的传播，可以确保国家对中国的精神面貌予以充分了解，将全社会平等交流宗旨体现出来。对对话的作用进行分析，可以使接受的差异性得到认同，然后可以防止差异性过于悬殊。由于是平

等对话，如果矛盾性过于突出，很难将对话落实下去。在实际翻译中，冲突现象难免会出现，对于翻译人员而言，要结合主题、忠于原文，并确保受众群体可以予以高度的理解能力和认同感。在各国民族之间交流过程中，外宣翻译工作是必不可少的，所以外宣翻译人员要将文化传播作用进行发挥，给予各国之间的平等交流提供保证。

三、跨文化传播视域下的旅游外宣翻译策略

（一）归化翻译法

在翻译中，加强归纳翻译法的应用，主要是指译文要将目的语体现出来。也就是说，翻译者在翻译过程中，要对读者进行深入分析，争取读者充分掌握原文内容，结合读者习惯的表达方式，以此来翻译叙述原文。针对原文所要表达的内容，要对文化因素进行深入分析，防止在不同文化之间出现语言障碍。奈达是翻译的归化策略方面的代表，提倡基于社会和文化视角，凸显出读者的主体性地位。奈达要求要将翻译的文章与最初的表达进行紧密贴合。译文要注重将自然的翻译体现出来，并且确保翻译与读者的文化范围保持高度的一致。

归化翻译法认为，文化的差异，严重影响着人们的理解和交流。而在翻译中，旨在不断提高文化和交流和传播效率，尽量消除文化障碍，确保呈现给读者的语言可以与读者的文化领域相互契合，保证读者可以充分理解语篇。比如在翻译语篇时，如果语言文化差异较大，无法将形势和内容对接在一起，需要去除掉形势美，确保保留内容的完整性。此外，在翻译过程中，还要尽量对读者熟悉的方式加以选择和应用，为读者的理解带来便利性。

例如：在翻译乌镇旅游宣传册中的桥里桥景点时，"桥里桥的构成是两座石拱桥，其亮点就是可以从一个桥洞内看到另外一座桥，已经成了乌镇一大优美的古桥风景"。翻译为 "The bridge is made up of two arched stone bridges,the highlight of which is the view from one opening to the other,which has become one of Houx's most beautiful ancient bridges." 虽然仅仅进行了简短介绍，但是其中对桥里桥名称的来源和地位进行了表述。

（二）异化翻译法

韦努蒂，积极提倡异化翻译策略。该翻译方法可以确保翻译的语篇在风格等方面与原文具有高度的相符性。在翻译过程中，加强异化策略的应用，旨在促进翻译理论和实践的高度整合，凸显出了翻译语言的主体性地位，在语篇翻译中，将文化和语言等差异性充分展现出来。

通过异化翻译策略的实施，在翻译语篇中，适度保留好作者的语言使用习惯和文化因素等，对作者的创作目的和语言功能等进行翻译，具有高度的导向性。在翻译过程中，要防止与原文作者具有极大的差距性，将原文的内容顺利传达出来。异化翻译策略，认为翻译的作品，要与原文具有高度的抑制性，充分体现出原文中蕴含的文化内涵和语言特点等。同时，在翻译过程中，要注重激发出读者的想象力和创造力，加深对不同语言展现的不同

文化的理解。比如一些词汇与我国文化具有高度的契合性，所以在汉语中比较常见，但是在其他语言中，尚未出现相对应的词汇，因此，在该类词汇翻译过程中，要保留好汉语原文中的意识形态和文化等，然后确保在阅读者中实现顺利传递。比如在政治论文中，"小康社会"该术语，可以翻译为 "a moderately prosperous society.",这样可以为西方人理解文化差异带来极大的便利性。

通过分析和研究归化和异化，可以看出这两者之间的关系较为紧密，是相互促进、紧密融合的，在翻译时，要防止仅仅对其中一种策略进行使用，要灵活运用归化和异化等策略，争取与翻译的目的相符合，并确保读者在语篇的理解方面，对异国文化予以正确感受。

在翻译对外宣传文本过程中，有时需要借助其他手段解释说明内容，以此来与外宣翻译的要求相符。在不同文化群体中，读者占据着一定的地位，所以在翻译过程中，要深入分析文化因素的差异化。在跨文化的外宣翻译中，在传播过程中，极容易出现错误解读现象，所以要适度增加或减少其中的内容，确保文化传播效果的稳步提升，给予对外宣传和交流一定的保证。

（三）增补信息的方法

在外宣翻译过程中，要想将文化信息差降至最低，可以在内容中适度对信息进行增补，确保读者正确理解内容。在中文的表达中，缺少主语的现象经常出现，理解的难度性不高，但是不方便于他国读者的理解，所以在翻译时，要补充完整主语。

（四）删减信息的方法

在汉语的表达方面，重复的表达得到了体现，尤其对于华丽的辞藻和四字成语等，而读者要想对核心信息进行顺利取得，如果进行过多的表达，极容易导致信息过剩现象的出现，加剧了读者阅读理解的难度性，这对于翻译效果产生了很大的不利影响，所以外宣翻译中，要适度删减其内容，为读者理解内容和文化带来便利性。

（五）化抽象为具体

在汉语文化中，一些词汇和句子中所包含的文化内涵是比较深厚的，其表层的意义具有较高的抽象性，要想充分表达原文中的文化信息，翻译者要基于跨文化视角，化虚为实。在旅游外宣文化翻译过程中，要具体词汇和句子，将外宣文本对外国游客的吸引力发挥出来，并与外国读者的语言习惯相契合。

四、跨文化传播视域下的旅游外宣翻译的注意要点

（一）注重景点景区翻译方法的直接性

在旅游英语外宣中，受众在文化历史水平和接受能力等方面存在着极大的差异性，在旅游外宣过程中，将直接翻译法应用在景点和风俗方面，可以让受众对其人名和地名等进行充分了解。在翻译过程中，景点和景区的历史意义比较浓厚，要融入资料，进行补充说

明，确保国外游客可以对其意义等进行充分掌握，从而将情感观念激发出来，确保外国游客可以加深对本土民族文化内涵的理解和记忆。

比如：天安门广场，在采用外国翻译的情况下，无法将其文化内涵充分进程传递，所以要加强半音译半意译法的应用，确保传达的信息可以使外国游客进行充分理解和掌握。

（二）集中整合理论和实践

首先，要加强译者培训体系的构建，在工作中，翻译工作者难免会出现问题，在上岗之前，其知识储备管理能力有待提升，所以加强岗前培训是至关重要的，可以将其角色意识提升上来。同时，开展集中化培训也是至关重要的，译者积极参与到跨文化交际知识讲座中来，这对于提高其综合素质具有很大的帮助。此外，还要注重实践锻炼，将其内在潜能充分激发出来，不断提高译者培养体系的完善性。

其次，要加强翻译岗位的增设，引导译者提高对自主实践的高度重视。在设置译者岗位过程中，要将其服务性质发挥出来，提高译者在公益性服务工作中的参与热情，将各项工作落实到位。在实践中，要注重其展示水平和锻炼能力的提升，引导译者做到及时发现问题并解决问题。

（三）优化译者评价机制

要将译者队伍轮换原则落实到位，壮大译者队伍，将其集体荣誉感和工作能力等提升上来。要加大民主监督制度的实施力度，将辅导员监督落实到位，进一步明确译者的权力，保证高度的清晰度和透明度，提高在服务工作中的参与热情。结合多样化原则，加强评价体制机制的构建，对其翻译能力和创新能力等进行全方位、多角度领域地考察。在评价标准方面，要注重多加鼓励，挖掘优点，正视缺点。同时，还要把灵活性原则体现出来，避免主观臆断的提出评价，要提出有针对性的整改看法和建议，将跨文化交际的自我评估和检查落实到位，将其集体荣誉感提升上来，从而全面投入到跨文化交际工作中去。

综上所述，基于跨文化传播视角，旅游外宣翻译的开展势在必行，其中，要不断提高翻译人员的能力，掌握正确的翻译策略，发挥出对跨文化传播效果的促进作用。在经济全球化的强大推动下，外宣翻译的综合水平上升到了全新的高度，在跨文化传播中发挥的作用越来越显著。我国优秀传统文化博大精深，要想在世界舞台中大大展现出来，确保世界各国人民对中国民族文化进行充分了解，在外宣翻译中，要注重将受众的差异性体现出来，将翻译定位进行明确化，从而确保良好的外宣翻译效果。

第五节　国外文化旅游传播及其保护机制研究创新

文化旅游以其独特的自然景观、民族风情以及历史文化资源，彰显民族精神、塑造国家形象。但在我国现阶段，由于商业开发过度等原因，旅游与文化资源未能很好地融合发展，中国文化旅游产业未能呈现出其应有的国际影响力。

作为现代旅游业诞生地英国，目前基本停止对各类文化旅游资源的商业开发，只致力于文化的保护、传承与传播。其旅游文化类型如何？其文化旅游如何传播？如何借助投融资机制确保文化旅游传播的可持续发展？政府如何推动文化与旅游二者得融合？本节解读后工业化时代英国旅游中的文化传播类型及传播方式，分析英国如何对旅游中的文化资源进行保护、传承与传播，赋予人们最佳的旅游体验；分析英国文化旅游传播投融机制的盾牌效应以及政府推动文化与旅游的融合，这些应能为我国文化旅游传播及在文化旅游资源的开发中如何提炼并保护和传承具有特色个性的民族文化提供一定的借鉴。

一、英国旅游：进取、保守并存的绅士文化传播

英国是世界上第一个工业化和城市化的国家，作为世界工业革命的摇篮，英国一度是世界第一强国，处于强大工作压力下的英国人渴望抛开冰冷的机器、空气污浊的厂房，逃离喧嚣的城市，重新投入到大自然的怀抱中，因而休闲旅游受到青睐。除传统的贵族阶层的优雅度假形式，富裕的中产阶级、政府官员、基层工人和普通市民也纷纷加入，旅游人数剧增，旅游阶层日益扩大。1841 年世界上第一家旅行社 ThomasCook 在英国诞生，使原先分散、自发、单个的私人旅游活动发展为有组织、社会化的行为，继而成为一项经济、文化性事业。现代旅游业迅速发展壮大。

与此同时，英国掀起"反工业社会"的文化思潮。田园乡村价值观的"英国绅士"文化获得胜利，英国失去了世界工业强国的代价，换回举世闻名的美丽乡村，像英国绅士一样去休闲度假，放空自我，成为当下全球旅游文化消费新需求：城市居民身体疲于紧张的生活节奏，渴望逃离雾霾的城市、烦躁的街道、拥挤的居住空间；另一方面，精神上崇尚修身养性、返璞归真的文化传统。

显然，英国绅士文化源于社会转型期，融合社会各阶层多种文化价值观念。既非饱食终日、无所事事、进取精神全无的颓废文化，也非做无止境的工作狂，而是张弛有度、理性与感性相融的愉悦、怡然的生活态度，是一种融进取和保守于一体的文化价值心态，这成为英国旅游文化的精髓，联结着社会各阶层。

二、文化旅游：国家形象传播与国民素养形成

（一）文化旅游是鲜活的文化传播行为

"文化旅游"（"cultural tourism"或"culture tourism"）中，旅游者不仅感悟历史文明和文化遗产，还可以学到旅游地生活方式和思想（麦金托什 McIntosh）。世界旅游组织认为文化旅游是"人们想了解彼此生活和思想时所发生的旅行"。

李丝尔（Reisinger）对文化客体作了补充，认为除了文化遗产旅游，还将艺术、信仰、习俗和自然历史、动植物生态的旅游、体育旅游和乡村旅游都纳入文化旅游中。

西尔布伯格（Silberberg）探讨了遗产地和博物馆的文化旅游问题；Nuryanti认为旅游与遗产的复杂关系体现了传统和现代的矛盾。蒂莫西（Timothy）认为商业暴利直接影响游客的旅游体验。塔尔夫（Tufts）指出博物馆的文化和教育功能。彼得斯、卢卡斯和库尔特（Mike Peters,LukasSiller&Kurt Matzler）着重讨论文化遗产地。理查兹（GregRichards）认为创意已被引入，需将有形的文化遗产过渡到非物质文化遗产，介入旅游地日常生活。拉比奥西（Chiara Rabbiosi）探讨了历史遗产、观光旅游、休闲购物和巴黎城市品牌之间的关系。

魏小安站在制度文化、传统文化、民族文化、民间文化四个方面看待文化旅游。李巧玲（2003）认为文化旅游是游客的特殊文化感受。宋振春、李秋从文化资本的传承、城市文化资本和文化旅游相互转换等问题进行探讨；刘朝晖（2015）认为，需要引进人类学家参与文化旅游。

国内外学者对文化旅游给出了相关的界定，梳理了旅游与文化传承间的关联，笔者认为，文化旅游是游客实地鉴赏的一种文化体验过程，文化旅游资源是文化传承不可或缺的载体，文化旅游实质是鲜活的旅游传播文化行为。

（二）旅游目的地形象中的国家形象

国家形象其实是一种"原产国效应"（Country-of-origin Image、Country Image、Product-country Image）被李东进等翻译成国家形象，当国家作为一个旅游目的地时，旅游目的地形象就与国家形象之间有了一定的重合。

旅游目的地宏观国家形象可以影响旅游者的旅游行为，同时旅游者通过旅游目的地的国家微观形象，更加准确地感知目的地的国家总体形象，从而形成对一个国家，如居民友好、政治稳定等印象。

旅游目的地形象一定程度上即可称为国家形象，主要指旅游者对目的地国家的政治、经济、技术、环境、国民等文化旅游环境因素的感知。

（三）英国旅游文化传播类型及其文化精髓

昔日的英国曾通过殖民的方式将英伦文化传播到全球许多国家和地区，同时也把世界各地的文明掠回英伦，这使得英国有着丰富的国际元素及本土特色的历史文化资源，成为世界级旅游目的地。在文化旅游业快速发展的同时，又不断提升着英国的国家形象，在促销民族品牌的同时，又加强了国民自信心和文化自豪感。

1.英国旅游文化传播类型

英国旅游拥有众多文化类型，如建筑文化、历史文化遗产、宗教文化、乡村文化、时尚文化、体育文化、烹饪文化等创意文化。英国文化旅游三大关键支柱:历史建筑遗产（如伦敦塔）、文化遗产（如莎士比亚）和当代文化（如音乐、奢侈品）。

英国的国土面积不大，却拥有大批的世界遗产，截至2017年7月，英国共拥有31项世界遗产。除此以外，它还拥有众多著名的历史文化建筑、金碧辉煌的宫殿、气势恢宏的古堡庄园、宁静如画的美丽乡村、恢宏庄严的教堂，典雅幽情风格的英伦花园与别墅等等，这些都让人们感受到浓郁的文化氛围，并得到相应的艺术熏陶，如古堡现场音乐会、博物馆时装会、泰晤士河上豪华游轮欣赏两岸古老建筑等等，英国在注重古建筑物保护的同时，将历史遗产与当代文化活动无缝接地融合在了一起。

2. 旅游文化传播精髓：彰显国家形象与培养国民涵养

英国在不断创新、开发文化资源的同时，也在无声中彰显国家形象与培养国民素养。

（1）王室文化与国家象征。"王室"和"女王"是英国传统文化的形象代表。作为世界上最早的君主立宪制国家，女王是英国至高权力的象征，同时也被视为民族利益、国家精神的代表，是维护英伦国家团结、稳定、持续发展和繁荣的核心之力。

王室文化是英国旅游业一大亮点与热点，能亲身体悟王宫气息，是境外游客前往英伦的神往旅游项目之一。如女王的办公重地白金汉宫，在女王外出度假的 8-9 月份也对游人开放。在王室文化旅游中，游客惊叹于王宫的奢华，欣赏到皇家历代收藏的精美艺术品。2012 年威廉王子和凯特王妃的大婚对英国旅游业也起到了有效地推广作用。

（2）博物馆文化与国民素养的培养。英国是博物馆的发祥地，是世界上博物馆最发达的国家之一。迄今为止，英国约有 2500 多家博物馆，其中包括：国家级博物馆、公共博物馆、大学博物馆、地区性政府博物馆以及近千家以上的独立博物馆。始建于 1753 年的大英博物馆已经发展为世界最大的综合性博物馆之一，约有一半的英国人每年至少一次到访博物馆。参观博物馆和画廊，也是 85% 的境外游客来英国旅游的主要目的之一。

早在 2011 年，英国国立博物馆和画廊全部免费向公众开放。博物馆一直是英国中小学教育的重要环节与内容，博物馆与学校教育达成一种寓知识于娱乐的互动，博物馆成为传承历史文化、培养创新思维的场所。英国大大小小的城市，都因博物馆而文化丰满起来，成为是英国文化旅游的一大热点。

（3）演艺文化与公民艺术品位的提升。演艺文化也是英国旅游文化的传统热点。伦敦西区几十家剧院常年上演经典剧目，诸如《悲惨世界》等。莎士比亚戏剧作为英国的传统保留剧目更是常演不衰，同时，英国的演艺剧目也不断推陈出新，大胆前卫的艺术表演也比比皆是。

文化节庆的规模也在不断扩大，例如诺丁山艺术节、泰晤士河艺术节等。每年夏季，苏格兰的爱丁堡国际艺术节更是盛况空前，威尔士图书节也是享誉欧洲的重要文化活动。各地风情民间艺术节，都展现英国丰富多彩的民间文化，不断培育与提升公民的艺术品位。

（4）教育学府与国际领袖的培养摇篮。英国是高等教育最发达的国家之一，拥有全球最完善的教育系统，广泛影响着全球。除享誉全球的剑桥、牛津这两所大学，世界名校云集，100 多所大学拥有最优质的教育资源，吸引着世界各地的学子。

除了牛津大学和剑桥大学以外，还有维多利亚时代创建的六大重要工业城的大学：伯明翰大学、曼彻斯特大学、布里斯托大学、利兹大学、谢菲尔德大学和利物浦大学，它们被誉为"红砖大学"，是英格兰地区最著名、最顶尖的老牌名校，不仅校园环境优美，学院建筑壮观，同时也培养出大批国际领袖和人才。仅以牛津大学这所英国历史最悠久的名校为例，这里就培养出英国历史上 6 位国王和 27 位首相，以及数十位世界各国元首、政商界领袖，如美国前总统克林顿，新加坡前总理李光耀等。截至 2017 年，共有 69 位诺贝尔奖得主曾在牛津大学学习或工作过。英国大学成为培养世界各领域精英和顶级人才的摇篮。

英国政府深谙游客想领略世界名校风范，对学术殿堂崇尚、敬仰和期盼心理，借助名校品牌，深度开发其文化旅游资源，使得该国教育文化资源也成了文化旅游的一大亮点。

（5）名人故居与尊重权威。莎士比亚戏剧、华兹·华斯诗歌，诗坛双圣雪莱和拜伦均孕育在老牌的英国。而简·奥斯丁的《傲慢与偏见》，勃朗特三姐妹的《简·爱》《呼啸山庄》等文学作品在全世界家喻户晓，《哈利·波特》《小熊维尼》《爱丽丝梦游仙境》等流行全球。这些人类历史上浓墨重笔的文学巨匠和学者，以及作品中的场景，都能勾起游客对英国文学的尊重和怀念，以及对英国旅游地的熟悉感。

许多游客会热衷访问作者的出生地、故居等。英国政府便将莎士比亚故居的小镇开发成国家级文化产业项目，还原莎士比亚生活时代模样，修建莎士比亚博物馆、纪念塔、莎士比亚研究中心等，加上现代元素，从而游客在这里领略莎士比亚一生的艺术成就，体验文化旅游的乐趣。

此外，蓝牌计划是英格兰文化遗产基金会早在 1866 年对名人故居保护的力作。大凡被挂上蓝牌的建筑均不得随便拆除，甚至改建，是受保护的文化遗产。这些蓝牌建筑吸引着境内外游客，成为文化旅游者的追捧地。

（6）体育赛事与进取文化。起源于英国的现代足球运动发展成熟，其中，英超联赛吸引了成千上万的国际球迷，被球迷们认为是世界上最好的足球赛事之一。在英国，每个球队都拥有相当固定的球迷粉丝团体，无论支持的球队战绩如何，球迷们对自己喜爱的俱乐部均毫无保留地忠诚与投入，表达自己与球队荣辱与共的态度。

对于球迷而言，足球是一种文化，是世代相传的信仰。而对于海外足球迷游客，能到英国看一场英超联赛，是引以为傲的大事。可以说，这已经成为一种前往英国旅游的体育朝圣之旅。

英国还有许多体育运动的发源地，如英式橄榄球，传统的赛马等。夏季到英国温布尔登看温网公开赛，到苏格兰打高尔夫球也逐渐成为游客们较为高尚的旅游消费。

（7）园艺文化与审美情趣。英国的花园和公园风情独特、举世闻名。早在十八世纪初，英式花园以其独特的艺术风格，成为欧洲大陆流行的庭院风格。时至今日，英国的园林艺术仍然受到高度重视。英国著名的花园古堡、美丽的植物园遍布各地，如丘园——皇家植物园（Royal Botanic Gardens,Kew）早在 2003 年，就被列为世界文化遗产，拥有极其丰富的植物学收藏价值。

每年切尔西、汉普顿宫和塔顿公园的花展，也是英国最具代表性的花艺展示，姿态各异的花园吸引了大批世界各地的游客前来观赏。参观花园已被视为体验英国优雅生活的文化活动之一。

（8）工业遗址与执着奋进。英国是世界上第一个开展工业旅游的国家，政府特别重视保护、开发和利用工业革命历史的文化遗迹。铁桥峡谷（Iron Bridge Gorge）是世界上第一个以工业而闻名的世界遗产，早在1986年，便被联合国教科文组织正式列入世界自然文化遗产名录。英国工业旅游景点约占英国文化旅游景点的四分之一左右。作为工业革命的发祥地，英格兰西北部地区的运河、棉花、煤炭、蒸汽机、铁路、丝绸自贸等行业的成功，使得曼彻斯特的工业博物馆，以及利物浦的艾伯特码头等都成为工业文化旅游的热点。

再如伦敦著名的泰特现代艺术馆，就是在一座旧发电站的基础上改建而成，保留了原有发电站的结构和特色，同时拥有高大烟囱的博物馆成为伦敦泰晤士河南岸标志性建筑。

（9）乡村田园与心灵回归。英国前首相斯坦利·鲍德温（Stanley Baldwin）曾说："英格兰就是乡村，乡村才是英格兰。"英国人根深蒂固地认为他们的灵魂一直在乡村。除了大都市伦敦和一些重要的工业中心外，为加强对乡村文明和生态的保护，规划出大片的"国家公园"，截至目前，英伦三岛已多达15国家公园，整个英国仍然保持着一派田园景象。

目前，英国是欧洲唯一一个人口从城市到乡村"逆向流动"的国家，每年退居乡村的人口远高于进入城市的人数。人们对田园生活的极度渴望促使英国乡村旅游的田园牌出手。科茨沃尔德丘陵地带是英国乡村旅游典型代表。

（10）酒吧夜店与青春活力。传统的英国酒吧、夜店对旅游者有着绝对的诱惑。在这里，游客不仅可以体验正宗的英式酒文化、饮食，同时也是体察当地风土人情的绝佳机会。颇具现代元素的英国夜店和俱乐部对于年轻人，特别是欧美游客非常有吸引力。

酒吧文化已经成为英国文化旅游的重要品牌。

（11）英式餐饮与品位生活。英伦特色的美食、餐厅对多数游客来说，具有强大的吸引力。英式西餐、下午茶因此成为英国文化旅游重要的一部分。众多游客之所以选择传统的英伦餐饮体验，更多的是想感受一下英式文化的氛围和礼仪。

英国本土餐饮文化相对单一刻板，是英国旅游文化稍薄弱的一环，但仍然不失其让人一探究竟的吸引力，英伦的瓷具、英式茶都颇能吸引境外游客。

（12）英伦生活与创意人生。到英国看音乐剧、现代剧，也是对境外游客具有绝对吸引力、代表性的文化旅游项目之一，特别是女性游客。因此，著名的音乐剧常常一票难求。

对于大批境外游客而言，在英国购物也是必不可少的行程。伦敦时装周作为世界四大时装周之一，吸引了大批时尚男女。在英国，不仅可以挑选到世界级的时尚品牌，还可以找到英国特色的本土品牌，良好的购物环境给游客很好的享受和体验。

概言之，英国丰富的历史遗产和悠久的传统文化，使之成为颇具吸引力的旅游之地。不同种族、不同信仰、多元文化和谐共生，让英国的文化旅游成为国家形象与国民素养得到提升的重要传播领域。

三、英国投融保护机制的文化旅游传播盾牌效应

英国文化旅游在源源不断地提升其国家形象，以及潜移默化地塑造人们追求真善美的行为，其持续性靠的是一整套完备的投融机制。英国一系列配套的投融保护机制是其旅游可持续发展的有力保障，也是旅游传播文化的保证，堪称一种文化盾牌效应。

在投融资模式机制体系里，英国政府起到的是引导作用，积极帮助中小型文化企业进行融资，动员和挖掘社会各方集资力量去投入文化，并促成文化创意资产朝证券化方向发展。

英国政府还会主动汇合相关行业协会，促成各类科学、技术及艺术基金会，有机地将政府、银行、基金会和文化产业协同力量凝结一体，以期为相关文化产业注入资金。如政府鼓励相关机构发行国家彩票，通过各种创意进行社会集资，将文化创意资产证券化，使得相关文化产业部门迅速获得大量资金，提高资本流转速度。旅游文化产业也顺其自然得到相应保护与发展。

与此同时，英国政府还是有力的监督管理机构，"公私合伙制"的PPP（Public Private Partner-ship）模式，已成为文化遗产保护，包括文化旅游开发和主要融资的模式。

（一）政府专项经费、贷款通过"一臂之距"间接管理方式实现

英国政府相应的文化保护资金，是由文化、传媒与体育部（Department for Culture, Media and Sport.DCMS）授权的各种团体具体负责，这些团体承担实际的运作。

英国政府明确向这些运营团体提出政府目标，如：文化遗产的保护和开发利用是关键；艺术活动的创新和多样化；对外文化交流以及英国文化教育在全世界的传播；让国民能够享受最好的资源；不断地拓展国民参加文化生活的渠道；确保民众获得最好的公共文化服务，以及通过开展文化活动提升人民生活质量等。

英国政府部门不直接干预文化旅游等相关产业。例如对待博物馆的发展与传承，政府部门只是制定一系列非强制性和鼓励性的建议，并不直接干预博物馆的日常运作，只是为博物馆提供对应的政策框架，借助财政拨款以及中介机构来实现政府管理意志。例如，作为非政府公共文化机构的英格兰艺术委员会（Arts Council England）就是英国政府间接管理文化艺术领域的中介机构。

与此类似，各地方层级博物馆也通过地方文化艺术委员会等中介机构获取经费、发展业务。这种"一臂之距"方式，成为英国政府对文化产业间接管理的有效方式。

（二）筹集社会公益资金是保护英国文化旅游的最主要资金来源

英国用于文化保护的社会公益基金，主要来源于英国国家遗产基金会负责管理的英国遗产彩票基金（Heritage Lottery Fund），政府借助发行彩票等方式筹得资金，用以保护本国文化资源。

这些社会公益资金明确其宗旨：一是保护英国多元文化遗产，确保民众和后世子孙的

体验与欣赏；二是感召有识之士积极参与文化遗产保护；三是帮助人们认识文化遗产。

除了英格兰遗产保护基金（English Heritage）外，英国还拥有众多文化遗产保护基金会，如加菲尔德威斯顿基金会（Garfield Weston Foundation）、海德雷信托基金会（Headley Trust）、沃弗森基金会（Wolfson Foundation）林博瑞信托基金会（Linbury Trust）和菲迪丽特基金会（Fidelity UK Foundation）等等。

（三）社会志愿资金、民间团体和文化遗产管理机构商业收入是文化旅游的补充资金

遗产捐赠、房产和非遗产资金等社会捐赠、慈善活动等收入属于英国文化保护的社会志愿资金。英国相应法规明确规定，如遗产继承人无力以现金形式支付相应的遗产税，便必须将遗产捐献给国家或者其他基金会组织。这一规定，为英国文化旅游带来巨大资金资助。

民间团体和文化遗产其他管理机构的商业经营收入，也是英国旅游文化投资的重要补充。如英格兰遗产保护基金（English Heritage）出版与文化遗产相关的旅游书籍《英国遗产指南》系列丛书一书，不仅为游客呈现出文化遗产背后的历史脉络，还通过线上线下出售旅游纪念品和各类文创产品，为基金会带来了大笔的经营收益。

由此可见，发掘社会志愿资金和民间团体的力量，已经成为英国旅游文化资金和管理的有益补充。

（四）"公私合伙制"的 PPP 模式，成为英国文化旅游的主要融资模式

PPP 模式（Public Private Partner-ship），又称公私合伙制，是以特许权协议为基础，由公共部门和私营部门共同承担责任与融资风险伙伴式进行合作的一种模式。英国是 PPP 模式的发源地，也是目前世界上 PPP 项目规模最大、涉及领域最广的国家，也成为旅游文化资源开发融资渠道最主要的模式，并且已经形成完善的管理与评价体系。

仅以被联合国教科文组织评为世界文化遗产"最大、最为完整的历史船坞体系"的利物浦为例，虽然之前其整体仓储建筑和设施已经被列为英国最高级别的工业建筑文化遗产，但由于业主方面连年亏损，疏于管理和维护，这组历史建筑被任其衰落。后被利物浦市政府规划为历史文化保护区，通过资产交托令，由默西赛德郡城市发展公司（Merseyside Development Corporation，MDC）得到全部土地，出资进行基础设施改造，并吸纳私人资金，引入"甲壳虫乐队故事"纪念馆（Beatles' Story Museum）、泰特利物浦美术馆（Liverpool Tate gallery）等，这成为英国文化旅游产业 PPP 融资模式的典型案例。

上述表明，一定意义上，英国政府文化旅游投融机制起到盾牌文化旅游保护效应：

英国政府重视对旅游传播中的文化遗产保护和开发，资金投放采取"一臂之距"机制。委托第三方评估管理，既保证了"小政府"精简高效的运作，同时也给予文化遗产机构的空间自由发展。

大力发展社会公益基金，拓宽旅游传播中的文化遗产保护资金渠道。通过发行文化遗

产彩票筹集资金保护和开发英国文化旅游资源，以此减轻政府财政压力，拓宽文化遗产保护渠道，形成稳定与长远的资金来源。

发动民间力量，吸纳社会志愿性资金、民间团体经营收入、文化遗产管理机构的商业经营收入，作为英国旅游传播中的补充投资。

"公私合伙制"的 PPP 模式，成为英国旅游传播中的文化遗产保护和开发主要的融资模式。

就此，我们可以得到这一结论：政府推动文化和旅游融合，助力创意产业，不断提升国家软实力。

英国很善于对旅游资源中的文化资源进行保护、传承与传播，赋予人们最佳的旅游体验。那些不动的建筑、街道、雕塑等等，都因赋予了人文故事、鲜活的历史而生动起来，并通过旅游中游客的亲身体验行为，使得英伦文化得以在全球广泛传播。在现代旅游诞生地英国，不同种族、不同宗教、多元文化和谐共生，古老与现代完美结合，培育起英国魅力旅游，使其成为国家形象与国民素养得以提升的重要传播领域。

这与英国一直探索文化和旅游融合分不开，最终英国将旅游建成文化载体，让文化成为旅游的灵魂，通过创意去点亮文化之魂，使得文化旅游成为创意产业，不断提升国家软实力。

对于文化旅游，英国二战之前是放任的消极管理，后来逐渐鼓励文化商品化，再到"一臂之距"管理模式，把文化和旅游融合的创新不断推向新的高度。

撒切尔政府鼓励"企业赞助"资助。梅杰政府成立国家文化遗产部（Department of National Heritage，DNH），将原先分散的六个部门的文化职责集中，形成文化遗产部，统一管理全国的文化艺术、文化遗产、新闻广播和旅游等事业。布莱尔政府提出"创意产业政策"，在原文化遗产部（DNH）的基础上成立文化、新闻和体育部（Department for Culture，Media and Sport，DCMS），其目标是：加大文化遗产的保护和开发；加强休闲旅游的推广；打造"酷不列颠"新的国家形象，昭示充满活力与希望的新英国形象。卡梅伦政府为改变"英国经济中被忽视的旅游巨人"状况，明确指出借力伦敦奥运会，将旅游业成为英国经济增长战略的重要环节，并携手相关政府部门拟定《英国旅游业发展战略》（*Government Tourism Policy*），推出"非凡英国"国家形象计划，通过文化旅游途径，不断传播国家形象内涵，提升国家软实力。

现任英国首相的特蕾莎·梅积极推出新的《旅游行动方案》（*Tourism Action Plan*），以确保英国一直是全球游客心目中无人匹敌的目的地，将文化、新闻和体育部（DCMS）更名为数码、文化、媒介和体育部（Department for Digital，Culture，Media and Sport，DCMS），高度重视"非凡英国"文化旅游相结合的国家形象计划，并于 2018 年访华期间，亲临"非凡英国 Britain is GREAT"盛典，授予中国演员 Angelababy"英国旅游局（Visit Britain）友好大使""英国大使馆文化教育 English is GREAT 推广大使"称号。

英国的文化和旅游相结合发展表明：文化和旅游二者密不可分，文化是灵魂，旅游业态以及其产品的竞争力实质皆为文化的竞争。文化旅游将随着当下经济的发展越发焕发生机，旅游传播也因此成为国家形象的重要载体。

第六节 "一带一路"背景下的旅游文化国际传播创新

在"一带一路"发展背景下，旅游文化传播面临最大的课题是如何在异质文化语境中实现跨文化传播。从文化休克和翻译中的文化回归角度探讨旅游文本的有效传播，以促进深层次的交流和理解，进而分享文化成果，弘扬我国悠久的历史文化。

随着"一带一路"倡议的提出与推进，中国要比以往任何时候都需要传播自己的声音、讲述自己的故事。中国是一个有悠久历史的文明古国，旅游文化资源丰富，已经实现了由旅游资源大国向世界旅游大国的转变，面对这样发展形势，我们必须加强旅游文化的传播工作，尤其是旅游文化的翻译，为国际游客提供高质量的旅游翻译服务，让中国文化走出去，进一步提升我国的国际形象和地位。

旅游是一种综合性的、复杂的社会活动，其主要特征就是异地性。异地性是指旅游者离开自己日常生活居住的环境到另外一个地方去，获得一种新的文化体验。因此，旅游也是一种文化现象，旅游过程产生的文化交流活动形成的是旅游文化。美国学者罗伯特·麦金托什和夏希肯特·格波特指出旅游文化"实际上概括了旅游的各个方面，人们可以借助它来了解彼此之间的生活和思想"，是"在吸引和接待游客与来访者的过程中，游客、旅游设施、东道国政府和接待团体的相互影响所产生的现象和关系的综合"。旅游文化是一个复杂的结构系统，它是文化交流和传播的一种方式，旅游文化传播是游客带着自己的文化到异域文化圈交流的过程，是典型的跨文化传播。因此，跨文化交流和传播是旅游文化的第一特质。

拉氏韦尔确立了传播"5W模式"，即传播控制分析（who）、内容分析（what）、媒介分析（in which channel）、受众分析（to whom）、效果分析（with what effect）。旅游文化传播控制分析重点研究旅游文化的传播者；旅游文化内容分析是旅游文化传播过程中传播内容以及传受双方就传播内容是如何理解的，也就是传播过程中信息编码和解码的问题，这是检验旅游文化传播是否成功的重要尺度；旅游文化传播媒介分析是旅游文化传播过程中的信息传播渠道，是旅游文化传递必须经过的中介或借助的物质媒介；旅游文化受众分析是指旅游文化信息传播的接受者；旅游文化传播效果分析是指传播的效果和影响，旅游文化对接受者来说是异质文化，如何在异质文化语境中进行交流和对话，实现跨文化传播，是旅游文化传播面临的最大课题。

一、文化休克与旅游文化传播

促使旅游的文化动机就是体验异质文化，客源地的文化与目的地的文化落差越大，旅游资源越丰富，影响就越大，越能激发游客的好奇心和新鲜感，往往吸引力也越大，由此产生的文化震惊也越大。文化震惊是指某人进入一种新文化环境时所经历的落差和冲击，在跨文化交流中称之为"文化冲击""文化休克"（culture shock）。文化人类学家奥伯格（Kalvero Oberg）认为文化震惊是由于失去了自己所熟悉的社会交往信号和符号，打破了旅游者认知心理平衡，对不熟悉的社会符号产生深度焦虑。文化震惊是旅游者所接受的文化与目的地文化不一致造成的。

文化震惊对旅游者会产生正向作用和负向作用。所谓正向作用是指适度的文化震惊可以给旅游者带来心理上的期待，激发他们对旅游过程感兴趣，从而能够理解旅游中所发现的文化差异和冲突。而负向作用会带来跨文化交流障碍，破坏旅游者出行的本来目的。因此，只有消除或减少负向作用，或者把负向作用转向正向作用，才能使得旅游成为增长见识和阅历的有意义过程。这就要求旅游目的地做好旅游文化的传播工作，充分展示本土文化特色，让游客了解目的地的文化，从而达到理解并接受目的地文化的目的，实现有效交流和传播。因此，在传播旅游文化时要充分考虑到游客的文化身份背景，尽量挖掘两者共同点，再突出推介自己的旅游文化特色，使得游客有效地适应异质文化。

文化是借助符号传播，符号在传播中带有一定的意义，这种意义是文化价值，因此传播是文化的传播。语言符号是人类最基本的符号系统，是人类交际的重要工具。表面上看是在用符号进行交流，实质上是人类精神内容的交流，也就是符号的意义。意义是人对自然事物或社会事物的认识，是人类以符号形式传递和交流的精神内容。语言符号反映地域文化的价值观念和规范，是民族和区域文化的代表。语言既是跨文化交流的工具，也是了解异国他乡文化的渠道。

信息的编码、译码来自不同的文化背景就是跨文化交际。在跨文化交际翻译中，如何处理异质文化尤为重要，在语言翻译过程中，只注重语义信息的传递而忽视文化信息，是难以反映源语的思想，从而达到有效的交流和传播的。翻译的任务不仅是解读源语符号，还需要破解源语的非语言符号——文化内涵。语言转换是表层的，文化信息的传递才是翻译的本质。而翻译文化语境是译语中的社会文化，而不是文本。如在英语公示语中"名词 +only"结构翻译汉语旅游警示语，语气非常委婉。如非机动车辆禁止入内（Motor Vehicles Only），仅供紧急情况下使用（Emergency Use Only），游客止步、非工作人员禁止入内、职工停车场（Staff Only），残疾人通道（Handicapped Only）。以上表示"禁止、仅供、止步、为……专用"等警示语，这些紧密联系英语文化语境，采取了换位思考，译语简明扼要、表达地道，达到有效交流、功能对等的目的。

与其他类型翻译相比，旅游翻译在跨文化、跨心理交际特点上表现得更为直接、更为突出、更为典型、更为全面。旅游翻译属于应用翻译的范畴，应用翻译或实用翻译（applied translation or pragmatic translation）是和文学翻译（literary translation）相对而言的。应用翻译是以传递文本信息为主要目的，注重信息传递的效果，区别于着重传递有较强感情意义和美学意义的文学翻译。从语言的用途来看，旅游英语属于"特殊用途英语"（ESP）范畴，它涵盖了除文学诗歌类语篇之外的所有体裁。旅游英语有明确的目的和服务对象，是为国际旅游者提供旅游文化信息。

文化涉及范围宽广，且错综复杂，人们在理解异质文化时，总是无意识地带着自身文化的价值尺度。因此在跨文化交际中，从文化震惊到文化摩擦，从发生误解到喜爱对方，在一定程度上都是文化自身的产物。误解也是一种理解，是理解的过程。人们总是按照自身的文化传统、思维方式去解读另一种文化，原有的"视阈"决定了他的"不见"和"洞见"，决定了他对另一种文化的选择和切割。只是由于差异存在，各文化体系之间才有可能相互吸取、借鉴。一个人到新的环境中去旅游，首先需要的是客观地去看待事物，这个过程就是文化的适应过程。在异质文化里，人家未必把你当客人对待，即使当客人，其方式、态度与自己的文化也未必尽相同。

二、旅游文化翻译与传播

（一）旅游文本翻译中的文化回归

随着中国国力的增强，文化影响力作为软实力的一部分，在海外扮演着越来越重要的角色。事实上，语言是中国文化产品"走出去"的一大障碍。语言是文化的载体，载体都没有做好，文化也走不了多远。旅游文本属于信息型和呼唤型文本，具有明显的功能和目的。主要是向旅游者提供各种旅游信息，包括相关的历史、地理、人文等方面的知识，使游客对景点有更多的了解，从而激发旅游兴趣、促使行动。

旅游中如何有效地进行跨文化交流？一是要求传播者有正确理解对方语言和文化背景的能力；二是根据对方接受信息方式和自己适宜的社会角色具有正确表达的能力。文化是旅游的灵魂，传播是旅游灵魂的表达。跨文化能力就是能够换位思考，充分体会对方的立场和观点，并能以开放的姿态来看待其他文化。德国功能学派代表人物诺德把翻译看作是一种有目的的活动。旅游文化翻译的目的性很明确，就是为国际游客提供语言服务，最终达到交流信息和传播文化的目的。因此译文在忠实原文基础上应符合英语国家人们的语言习惯和思维方式，且具有可读性，为他们所接受。翻译肩负传播中外文化的历史使命，理应成为中外文化的传播者，最终达到交流信息的目的。

在旅游文本中，经常出现特色鲜明、有独特民族风情和文化的专有名词，如何实现文化回归，这里不能简单拼音翻译、硬译或者死译。解释性或者释义性翻译有助于补充文化信息，传递文化内涵，增强译文的可读性和可理解性。这些解释和释义毫无疑问有助于游客理解景点及其内涵，从而传递景区文化信息，达到有效交流、激发游览兴趣的目的。

（二）旅游文化传播的有效性

旅游文化传播承载着促进中国文化走出去战略的实施，要将中国文化源源不断推向世界，同时把国际文化的精髓引入我们的生活。传播既是信息交流的过程，也是文化互动的过程。传播可以促进旅游地形象地位的提升，改善旅游者和目的地人们之间的沟通交流，旅游活动的本身就文化信息传播的过程。旅游传播的目的就是充分实现人类各民族文化成果的交流与共享，有效的旅游传播能够真实地反映当地文化，满足旅游者求新求异的审美需求。

旅游文化传播的有效性旨在面向目的语游客，发挥一种特定语言文化，使信息传播更为流畅、简洁、直接。著名的汉学专家霍克斯将《红楼梦》中名句"谋事在人，成事在天"译为"Man proposes, God disposes"，有效地传递了原文的文化信息。有效的传播主要体现在语言、文化、思维、价值取向等多方面的认同，这样才能了解和熟悉异质文化，促进文化交流。要与旅游者建立共识领域，保障信息渠道通畅，这是语言的传播交流中至关重要的一方面。每一种文化都有自己的信仰、生活制度、思维方式和价值观念等，在交流过程中要尊重文化差异，要了解旅游者的政治、经济、历史、地理、风土人情等，进一步扩大共识领域，促进深层次的交流和理解，进而分享文化成果，促进文明进步。

三、旅游文化传播战略

翻译活动是跨文化的传播活动，它以特有的方式促进中华文明的完善和与时俱进，调节中外文化交流中产生的文化休克。翻译对促进跨文化沟通、推进经济文化交流和构建理解的角色越来越重要。如何完善旅游文化传播路径，是当前急切要解决的问题。

（一）跨文化旅游人才战略

加强中国国际旅游业的持续发展，中国文化走向世界需要培养有强烈的跨文化意识、突出的跨学科素质和极高的大产业觉悟的旅游宣传人才。旅游文化的翻译和传播是一门综合性、实践性的学科。旅游翻译若有失精准，不仅仅是经济上的损失，还会导致误解，甚至文化冲突，伤害民族自尊。从事旅游宣传实践的人员是文化传播的使者，应当受过系统跨文化、跨学科训练，这已经不是一个单纯的人才培养问题，而是业界的呼唤和要求。旅游外宣人员应当走向前台，承担起多元文化、和谐世界建设工程师的重任。优秀的旅游翻译人才在全国各地普遍缺乏，旅游人才的培养要立足于本土实际的翻译需求，校地、校企结合有针对性地探索高效的培养模式。

（二）旅游资源翻译语料库战略

目前，旅游翻译还存在很多问题，主要原因是旅游资源的翻译缺乏有效的管理机制，很多旅游外宣只是象征性地配一个英文，至于谁来做、做得怎么样无人监管，甚至有的是直接在线翻译，造成翻译文本良莠不齐，这是主管部门的责任。其实可以建立旅游外宣准入制度，多方审核，确保质量。还可以尝试建立旅游资源翻译语料库，提供方便有效的参考和指导，如北京第二外国语学院公示语翻译研究中心开发的公示语翻译语料库可作为旅游翻译语料库的子库充分发挥功能。旅游涉及专业广、行业多，通过语料库建设有助于探索在特定历史、文化和社会环境中的翻译规范。旅游翻译语料库建设关注学术研究和翻译实践需求，为翻译研究者和翻译实践者参考、使用、共享；也有效地支持旅游文化的传播和翻译的高层次发展。只有高质量的翻译文本，才能确保旅游文化的有效传播。

（三）旅游文化品牌建设战略

旅游文化品牌的打造是多领域协同合作的结果，旅游文化品牌是向世界展现自我的名片标识。旅游文化传播的关键是要充分利用文化旅游产业的资源优势，明确传播目标。旅游文化品牌建设硬环境很重要，软环境更不可忽视。旅游文化品牌建设和传播既要有行业的硬促销，还要了解目标市场消费群体的消费行为和文化倾向，充分掌握宏观、微观文化、语境因素、受众文化特点、心理状态、语言风格，以及不同文本使用的传播媒介的特点等，使得旅游文化品牌锁定目标，同时生产出受众满意的旅游外宣材料。高精准的旅游宣传和文化传播才能使中国文化走得更远。旅游外宣搞不上去，国家软实力也仅仅是一个概念。目前，我国旅游业发展的瓶颈在于旅游宣传的质与量，旅游宣传系统管理、战略管理对旅游文化品牌建设尤为重要。

参考文献

[1] 马波 . 我国旅游文化研究的回顾与前瞻 [J]. 桂林旅游高等专科学校学报，1999(2).

[2] 马波 . 文化旅游学 [M]. 青岛：青岛大学出版社，1998.

[3] 肖红根 . 国内外旅游文化研究述评 [J]. 华侨大学学报，1994(1).

[4] 张国洪 . 旅游文化学:研究选位与学科方向 [J]. 旅游学刊·基础理论与旅游教育专刊，1999.

[5] 张国洪 . 中国文化旅游——理论、战略、实践 [M]. 天津：南开大学出版社，2001.

[6] 王德刚 . 试论旅游文化的概念和内涵 [J]. 桂林旅游高等专科学校学报，1999(4).

[7] 谢元鲁 . 旅游文化学 [M]. 北京：北京大学出版社，2007.

[8] 张宪 . 浅谈旅游与文化的关系 [J]. 旅游学刊，2009(4).

[9] 宋彩义，程道营 . 中国旅游文化 [M]. 开封：河南大学出版社，1999.

[10] 马锐 . 中国旅游资源开发的探讨 [J]. 社会学·管理学研究，2005(06).

[11] 韩箐，刘超，颜娜 . 旅游文化资源的开发与利用 [J]. 资源开发，2003(02).

[12] 谢贵安，华国梁 . 旅游文化 [M]. 高等教育出版社，1999.

[13] 魏小安 . 文化旅游与旅游文化 [J]. 旅游学刊，1998.

[14] 徐菊凤 . 旅游文化与文化旅游：理论与实践的若干问题 [J]. 旅游学刊，2005(4).

[15] 唐若磷 . 试论我国景区中旅游文化的地位和作用 [J]. 中国商贸，2011(32).

[16] 厉建梅 . 文旅融合下文化遗产与旅游品牌建设研究 [D]. 山东大学，2016.

[17] 刘洋 . 文化旅游与城市经济协调发展研究 [D]. 西北大学，2016.

[18] 张渊博 . 论基于地域文化的旅游文化资源开发 [J]. 湖北函授大学学报，2011，24（ 08 ）：66-67.

[19] 徐秋明 . 地方文化研究与旅游文化资源开发——以广西桂东南旅游文化为例 [J]. 经济与社会发展，2008，6(11)：5-8.

[20] 黄露 . 旅游文化的传播战略研究 [J]. 中国集体经济，2018(20)：125-126.